내신 서술형 수행평가 대비부터
확대되는 논술전형까지!

논술이 재미없다는 편견은 그만!
재미와 사고력을 동시에 잡는 청소년 논술

영화보며 논술하자!

머리말

저는 30년 가까이 사교육 현장에서 청소년들에게 국어와 논술을 가르쳐 왔습니다. 공교육에서 글쓰기란 초등학교 때 숙제로 내어준 일기가 시초일 겁니다. 청소년들이 중학교에 진학해 글을 써보는 경험은 수행평가로 보는 서평과 발표문 쓰기가 전부인 것 같습니다. 논술학원에 다니는 청소년들은 글쓰기가 좀 익숙하지만, 강요에 의한 글쓰기는 흥미에 도움을 주기는커녕 진부하기만 했을 겁니다. 오랫동안 가르쳐 온 경험에 따르면 의도적인 독서와 글쓰기는 청소년들에게 플러스 요인이 되지 못했습니다.

저는 영화를 즐겨보고 영화칼럼을 써왔기에 『영화로 보는 신앙』을 2021년에 출간했습니다. 비기독교인들이 제 책을 읽고 영화를 다른 관점으로 보는 계기가 되었다는 소감을 많이 전해 주었습니다. 그래서 사회 문제와 연관된 영화를 통해 우리 청소년들이 폭넓게 사고하며 글을 써보기를 바라는 마음으로 책을 완성했습니다.

요즘 세대들은 책을 읽기보다는 유튜브를 보면서 지식과 소양을 넓혀갑니다. 이제 청소년들에게 무조건 고전을 읽고 사고력을 넓히라는 주장은 낡은 유물과도 같습니다. 동영상을 통해 더 빨리 더 쉽게 사회를 파악하고 식견을 넓힐 수도 있습니다. 그렇다고 책을 덮으라는 말은 아닙니다.

4명의 중1 학생들과 14편의 영화 리뷰를 보면서 제가 작성한 질문지에 맞추어 토론하고 글을 작성해 보았습니다. 책을 읽고 토론할 때보다 영화를 통해 사회 문제를 들여다보며 이야기하니 학생들의 흥미도가 높아졌습니다. 〈더 알아 봅시다〉를 통해 배경지식을 넓히고 〈생각해 봅시다〉를 통해 의견을 주고받으며 사고력을 확장하고 글을 정리하면서 문장력을 쌓을 수 있습니다. 만약 청소년의 글을 첨삭해 줄 만한 멘토가 있다면 금상첨화일 겁니다.

　　독서를 좋아하지 않는 청소년들도 이 책의 목차대로 영화를 통해 보고 읽고 생각하며 사회 문제에 충분히 접근할 수 있습니다. 논술을 처음부터 잘 쓰는 사람은 드뭅니다. 질문지에 맞추어 답안을 작성하고 그 답안을 한데 묶으면 한 편의 영화칼럼이 될 거라 생각합니다. 이 책은 청소년들이 논술에 대한 두려움이나 거부감을 덜어내는 첫 걸음이 될 거라 믿으며, 작은 글을 모아 전체 글을 써보기를 바랍니다.

　　본문에 첨부된 QR코드를 확인하고 영화배급사에서 올린 리뷰를 보며 글을 읽으면 이해하기 쉽습니다. 이 책이 나오기까지 '영화 보며 논술수업'을 함께 진행했던 기현, 민서, 승협, 현민이에게 고마움을 전합니다.

정분임 작가(글쓰기 강사)

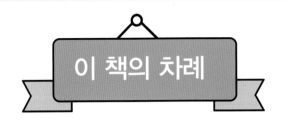

이 책의 차례

contents

논술이 재미없다는 편견은 그만!
재미와 사고력을 동시에 잡는 청소년 논술

영화보며
논술하자!

제1장

우리 역사는
위대했던가요?

영화 <남한산성> – 세종과 순신이 있는가?

영화 <덕혜옹주> – 덕혜가 잃었던 조국, 지금은?

영화 <1987> – 무엇을 위해, 누구를 위해

영화 <모가디슈> – 남·북한은 괜찮은가?

영화 〈남한산성〉

세종과 순신이 있는가?

조선의 임금 인조(박해일 분)는 청나라의 칸에게 3번 절하며 머리를 조아린다. 그 굴욕적인 모습을 지켜보는 이조판서 최명길은 목 놓아 통곡한다. 청나라의 칼에 백성의 몸이 찢겨지고, 백성이 추위에 얼어 죽어도 눈물을 흘리지 않았던 벼슬아치들이 울었다. 그 연로한 사내들이 꺼이꺼이 운다. 남한산성에서 47일간의 저항, 아니 임금의 도피 기록을 다룬 영화 〈남한산성〉을 보는 내내 너무나 답답하고 화가 났다. 임금의 우유부단함이 갑갑했고, 백성보다 임금을 위하는 척하는 위정자의 위선 때문에 울분이 터졌다.

남한산성을 지키는 군사들에게 추위를 덜어보라고 나눠준 가마니를 도로 걷어가서 말에게 먹인다. 말보다는 사람이 먼저라는 예조판서 김상헌(김윤석 분)의 반대에도 불구하고.

"말이 없으면 어찌 군왕의 위엄을 세울 수 있겠습니까?"

영의정이 하문한다. 그러자

"통촉해 주시옵소서!"

앵무새처럼 따라 하는 대신들, 그들 때문에 조선은 병자호란을 당했고, 50만 명의 백성들이 청나라 볼모로 끌려갔다.

"명이든 청이든 상관없습니다. 봄에 씨를 뿌려 가을에 거두어 배불리 먹는 게 저희들의 소원입니다."

대장장이 서날쇠(고수 분)가 예조판서 김상헌에게 한 말이다.

날쇠는 적의 칼날에 목이 날아갈 뻔한 위기를 뚫고 목숨을 다해 도원수에게 달려가 김상헌이 준 임금의 격서를 전한다. 그러나 임금의 전령이 한낱 천민인 대장장이일 리 없다며 의심하던 장수들은 날쇠를 제거하려 한다. 사농공상 그리고 천민 그 신분의 구별 때문에 조선은 명을 떠받들다가 오랑캐라 불렸던 청나라에 굴복당한 것이다.

"도원수의 근왕병들은 언제 온다는 것이냐? 나를 죽이러 오랑캐들이 몰려온단 말이다!"

김상헌을 꾸짖는 임금은 참으로 비루했다. 백성의 목숨을 지키기는커녕 스스로 목숨을 지킬 능력도 없다. 군사들이 덮었던 가마니를 뜯어 먹고도 말들은 병들어 죽거나 얼어 죽었다. 그 말고기마저 배불리 먹지 못해서 안달했던 백성들은 남루했지만, 비열하거나 비겁하진 않았다. 백성들은 위에서 싸우라 하면 싸우고, 굶으라 하면 굶어야 했다.

청나라의 칸에게 항복 문서를 들고 가기 전, 최명길(이병헌 분)은 임금 앞에서 김상헌과 설전을 벌인다. 대의명분을 목숨과 같이 여겼던 김상헌이 말한다.

"명길은 삶을 욕되게 하는 자입니다. 한 나라의 군왕이 어찌 만백성이 보는 앞에서 삶을 구걸하려 하시옵니까?"

이에 맞서 최명길이 말한다.

"죽음은 견딜 수 없고 치욕은 견딜 수 있사옵니다. 오랑캐의 발밑을 기어서라도 백성의 살 길을 열어줄 수 있는 자만이 신하와 백성이 마음으로 따를 수 있는 임금이옵니다."

결국 임금은 자신이 살기 위해서 항복한다. 신하도 울고 백성도 울었다.

조선의 백성은 리더십의 부재로 오랫동안 역경과 고난의 역사를 보내어야 했다. 그러나 지금은 어떠한가? 세종 같은 지도자가 있는지, 이순신 같은 장수가 있는지, 김상헌과 최명길 같은 충신들이 있는지 물어봐야 한다. 위대한 지도자를 기다리기보다 내가 먼저 김상헌이 되고 최명길이 되어야 한다. 아니 산성에 숨은 임금을 탄핵하고 새 임금을 추대할 수 있는 용감한 시민이 되어야 한다. 세상에서의 신분은 별 볼 일 없어 내 옷과 내 가방과 내 신발이 비록 남루할지라도, 비루한 지도자는 내 손으로 뽑지 말아야 한다.

1623년 인조반정 이후 조선은 금나라를 배척하는 정책을 내세우자 1627년 후금(後金)은 조선을 침입해 정묘호란이 일어나게 되었다. 1636년 2월 용골대(龍骨大)·마부태(馬夫太) 등을 보내어 조선의 신사(臣事)를 강요했으나, 인조는 후금 사신의 접견마저 거절하고 8도에 선전유문(宣戰諭文)을 내려, 후금과 결전할 의사를 굳혔다.

1636년 4월 후금의 홍타이지는 스스로 황제로 칭하고 국호를 청(淸)이라고 고쳤으며, 조선이 강경한 자세를 보이자 왕자·대신·척화론자(斥和論者)를 인질로 보내 사죄하지 않으면 공격하겠다고 위협했다. 그러나 조선은 주화론자(主和論者)보다는 척화론자가 강해 청나라의 요구를 계속 묵살하자 홍타이지는 이런 조선의 도전적 태도에 분개했다. 12월 2일 청나라 홍타이지(태종)는 청·몽골·한인으로 편성한 10만 대군을 스스로 거느리고 수도 선양을 떠나, 12월 9일 압록강을 건너 쳐들어왔다.

14일 밤 인조는 강화로 피난하려 했으나 이미 청나라 군에 의해 길이 막혀, 소현세자와 백관을 거느리고 남한산성으로 피했다. 특히 병자년은 혹독한 추위가 오래 계속되어, 노숙(露宿)한 장수·군사들은 추위와 굶주림에 기진해 병들고 얼어 죽는 자가 늘어났다. 이러한 상황에서 성내에서는 최명길 등 주화파와 김상헌 등 주전파 사이에 논쟁이 거듭되다가, 강화론이 우세해 마침내 성문을 열고 항복하기로 했다.

1월 28일 이에 청군은 용골대·마부태를 보내 다음과 같은 강화조약 조항을 제시했다.

① 청나라에 군신(君臣)의 예를 지킬 것,

② 명나라의 연호를 폐하고 관계를 끊으며, 명나라에서 받은 고명(誥命)·책인(冊印)을 내놓을 것,

③ 조선 왕의 장자·제2자 및 여러 대신의 자제를 선양에 인질로 보낼 것,

④ 성절(聖節:중국 황제의 생일)·정조(正朝)·동지(冬至)·천추(千秋:중국 황후·황태자의 생일)·경조(慶弔) 등의 사절(使節)은 명나라 예에

따를 것,

⑤ 명나라를 칠 때 출병을 요구하면 어기지 말 것,

⑥ 청나라 군이 돌아갈 때 병선 50척을 보낼 것,

⑦ 내외 제신(諸臣)과 혼연을 맺어 화호(和好)를 굳게 할 것,

⑧ 성을 신축하거나 성벽을 수축하지 말 것,

⑨ 기묘년(己卯年:1639)부터 일정한 세폐(歲幣)를 보낼 것 등이다.

1월 30일 인조는 세자 등 호행(扈行) 500명을 거느리고 성문을 나와, 삼전도에 설치된 수항단(受降壇)에서 태종에게 굴욕적인 항례(降禮)를 한 뒤, 한강을 건너 환도했다.

1645년 10년의 볼모생활 끝에 소현세자와 봉림대군은 환국했으나, 소현세자는 아버지 인조와 갈등으로 2개월 만에 죽었다. 인조의 뒤를 이은 효종(봉림대군)은 볼모생활의 굴욕을 되새기며, 북벌계획을 추진했으나 뜻을 이루지 못했다.

–출처: [네이버 지식백과] 병자호란 (두산백과 두피디아)

1 인조가 청나라에 항복하는 것에 대한 김상헌과 최명길의 입장 차이를 말해 봅시다.

....

....

....

....

2 "명이든 청이든 상관없습니다. 봄에 씨를 뿌려 가을에 거두어 배불리 먹는 게 저희들의 소원입니다."라고 말했던 대장장이 서날쇠가 임금의 격서를 전합니다. 천한 대장장이를 믿을 수 없다는 장수의 입장에 대해 비판해 봅시다.

....

....

....

....

3 왕이 남한산성에 피난 가지 않고 끝까지 한양에 남아 있었다면 역사는 어떻게 바뀌었을지 생각해 봅시다.

....

....

....

....

4 병자호란이 일어난 배경에 대해 요약 정리해 봅시다.

....

....

....

....

5 다음 시를 읽고 임금다움과 신하다움에 대해 생각해 봅시다.

군은 아버지요

신은 사랑하시는 어머니요

민은 어린아이라 하시면

민이 사랑을 알 것이다

꾸물거리며 사는 물생

이를 먹어 다스려져

이 땅을 버리고 어디를 갈 수 있겠는가 하면

나라 유지됨을 알 것이다

아아 군답게 신답게 민답게 하거든

나라 태평하나이다

-충담사의 <안민가>

덕혜가 잃었던 조국, 지금은?

"저는 조선의 옹주로서 부족함이 많았습니다. 나는 사람들의 희망이 되지 못했어요."

영화 끝 장면에서 덕혜옹주(손예진 분)가 남긴 말이다.

덕혜옹주는 대한제국 고종 황제의 마지막 딸이었으나, 그녀의 어머니는 소주방 나인 출신이었다. 옹주는 일본에 볼모로 가서, 일본 황실에서 정해준 백작과 정략결혼을 했고, 해방이 되어서도 조국에 돌아가지 못한 채 정신병원에서 넋을 놓고 살아야 했다.

조선 황실의 마지막 황녀, 덕혜옹주는 일본에서 감시를 받으며 어머니가 위독하다는 소식을 전해 듣고는 일제의 앞잡이 한택수 장관의 제안을 받아들인다. 일본에 징용된 조선인 노동자들과 그 가족들 앞에서 덕혜옹주가 일본에 우호적인 특별연설을 하면, 어머니가 계신 조선으로 옹주를 보내준다는 제안이었다. 조선의 마지막 자존심이었던 황녀이기 전에 병든 어미의 딸이기도 했던 덕혜는 조선인 동포들 앞에서 인사말을 시작했다. 동포들의 앞줄에 선 여자아이가 기침을 하자, 덕혜는 연설을 멈추고 모자를 벗으며,

"동포 여러분, 아무것도 해 드릴 게 없는 제 자신이 부끄럽고 죄스럽습니다. 우리에겐 돌아갈 고향이 있습니다. 빼앗긴 들에도 봄은 옵니다!"

예정에 없던, 동포들과 조국을 위로하는 내용으로 외친다. 그러자 동포들이 박수를 쳤다. 한 남자가 '아리랑'을 선창하자 동포들이 소리를 높여 합창했다. 그리고 "우리를 조선으로 보내 주십시오"라고 외치며 동포들이 대열을 허물고 옹주 쪽으로 몰려들었다. 동포들은 일본군의 군홧발에 차이고 총부리로 얻어맞는다. 덕혜도 한 장관에게 뺨을 맞는다. 덕혜는 결국 어머니 병문안을 가지 못한 채 어머니의 부음을 듣는다.

덕혜는 김장한(어린 시절 약혼자)과 상하이 임시정부 요원들의 밀약 아래 망명을 시도한다. 초대 신무천황의 즉위를 기념하는 기원절 행사장에, 상하이에서 온 독립투사는 폭탄을 투척했으나 한 장관을 제거하려던 계획

은 실패했다. 행사장을 미리 빠져나온 영친왕은 해안을 통하는 도로 부근에서 붙잡히게 된다. 시즈오카현 독립군 은신처로 덕혜를 데려온 김장한은 이틀 후 복동이 준비해 온 배를 타고 중국으로 향할 계획을 세운다. 덕혜와 김장한은 일본군의 총격을 피해 가까스로 해안가에 다다라 복동을 맞이한다. 그러나 복동 뒤에 숨은 한 장관에게 김장한은 총탄을 맞고 덕혜는 일본군에게 끌려간다.

조국은 해방되었으나 조선 왕권 부활을 경계했던 이승만 정권은 대한제국 황족들의 입국을 거부했다. 그래서 영친왕과 덕혜는 조국으로 돌아갈 수가 없었다. 서울신문 기자가 된 김장한의 노력으로 덕혜는 1962년이 되어서야 꿈에도 가고 싶었던 조국에 갈 수 있었다.

덕혜가 말한 것처럼 그녀는 사람들에게 힘이 되는 옹주가 아니었을지도 모른다. 자기 몸 하나 건사하기도 힘들었기에 늘 보온병을 안고 있었다. 독살될 위험이 있을지 모르니 물 한 모금이라도 조심하라는 어머니 양귀인의 당부 때문에 덕혜는 늘 보온병을 지니며 그 속에 든 물만을 먹었다. 언제나 위협당하고 감시당하며 지냈던 덕혜는 어디서든 살벌하고 두려웠을 것이다. 옹주마마라는 존재 자체만으로 빛나고 영화로웠던 덕혜가 수많은 궁녀의 도움 없이 일본에서 일본 백작의 아내로, 또 아이의 엄마로 그 모든 것을 스스로 해내기가 얼마나 힘들었을까?

김장한이 대한민국 제1 통치권력자에게 대한제국 황족들의 실상을 고한 끝에, 조국에 돌아올 수 있었던 옹주는 조국에 아무 도움이 되지 못했다는 비탄을 터뜨리고 만다.

덕혜는 태어날 때부터 궁녀들의 섬김으로 옷을 입고, 음식을 먹으며 지냈다. 떠받들어 지고 지지받은 대로 느끼고 생각해 왔기에, 백성을 먼저 섬기거나 백성을 위해서 목숨을 걸어야 하는 저항 의지는 부족했다. 그래서 해방 이후 자신을 옹주로 존중하고 섬겨줄 생각이 없는 조국에 섭섭했을 것이고, 옹주를 잊으며 지내는 대한민국 국민들이 원망스러웠을 것이다. 조국에 돌아갈 수 없는 비탄에 자포자기하고, 여러 차례 자살을 시도하며 삶의 의지를 놔버린 것이다.

우리 민족이 일제 치하를 거치고 해방이 되었으나 6·25전쟁이 발발했고 남북이 분단되었다. 덕혜에게 사라진 대한제국, 다시 찾은 덕혜의 대한민국이었지만 반쪽의 한반도였다. 이 한반도에 온전한 봄은 언제쯤 올까? 덕혜가 연설에서 '빼앗긴 봄은 온다'라고 했듯이 되찾은 들에서 남북한이 하나가 되어 흙을 밟아볼 그날은 와야 한다. 그날은 반드시 와야 한다.

고종이 59세 때 얻은 늦둥이이자 당시 유일한 고명딸이어서, 덕혜옹주는 극진한 총애를 받으며 어린 시절을 보냈다. 덕혜옹주가 조금 자라자 고종은 덕수궁 준명당에 황실 최초의 유치원을 만들기까지 했으며, 150m밖에 되지 않은 거리인데도 덕혜옹주가 가마를 타고 다니게 했다. 함께 다닌 원생들은 덕혜옹주와 또래인 사대부 가문의 딸들이었는데, 모두 덕혜옹주에게 극존칭을 사용했으며 항상 시중을 들 궁녀들이 대기하고 있었다. 사실상 덕혜옹주를 위한 유치원이었던 것. 이 유치원의 원장은 교구치 사다코라는 일본인이었고, 일본어로 아이들을 돌보았다. 유치원 졸업 후, 덕혜옹주는 일본인 학교인 히노데 소학교에 입학했다.

당시 대한제국 황족들은 대개 일본으로 끌려가 사실상 인질이 되었기 때문에, 1925년 13살의 덕혜옹주는 일본으로 강제 유학을 가 황족과 화족의 영애들이 다니는 학교에 편입학했다. 일본에서 덕혜옹주는 내내 신경쇠약에 시달렸는데 1929년 5월 30일, 어머니인 귀인 양씨가 끝내 유방암으로 사망하자, 이때부터 처음으로 몽유병과 조현병 증세를 보였다고 한다.

1931년 데이메이 황후에 의해, 데이메이 황후의 오빠 쿠죠 미치자네를 후견인으로 두고 있던 대마도의 번주 출신인 소 다케유키 백작과 혼인하게 된다. 결혼한 지 1년쯤 후인 1932년 8월 14일, 두 사람 사이에 마사에(正惠)라는 딸이 태어났다. 한국식으로 읽으면 '정혜'이다. 다케유키와 덕혜옹주 이 두 사람의 상의하에 자신의 이름 중 '혜'자를 붙여 정혜라고 지었다고 전해진다. 마사에를 낳은 후 덕혜옹주의 조현병이 재발했고, 부부 사이도 점점 파탄이 난다.

1945년 일제가 패망함에 따라 다이쇼 덴노의 직계 자손들만 남긴 채 나머지 방계 황족들과 화족들이 죄다 평민으로 강등되었고, 소 다케유키와 덕혜옹주 역시 그에 따른 특권을 상실해 생계유지가 어려워졌다. 넓은 저택에서 다소 좁은 곳으로 집을 옮기고, 하인들도 다 내보내 마지막엔 하인이 딱 1명만 남았었다고 한다.

결국 1946년 덕혜옹주는 남편에 의해 마츠자와(松澤) 도립 정신병원에 입원하게 되었고 1955년에는 이혼을 당한다.

1962년이 되어서야 덕혜옹주는 김장한의 형인 기자 김을한의 노력과 박정희 당시 국가재건 최고회의 의장의 결단으로 37년 만에 한국으로 돌아오게 된다. 박정희는 한국이 공화국으로 확실히 기반을 잡아 옛 황족들이 이제 더 이상 정치적 위협이 되지 않을 거라고 판단했기에, 영친왕을 비롯한 생존 황족들 중 아예 일본인으로 귀화한 이건을 제외한 나머지 황족들 모두에게 귀국을 허락했다. 덕혜의 시중을 들던 상궁의 기록에 의하면, 가끔 덕혜는 딸의 이름(마사에)을 부르며 슬픈 표정을 지었다고도 한다. 1989년 4월 21일, 덕혜옹주는 76세를 일기로 창덕궁 수강재에서 사망한다.

—출처: https://namu.wiki/w/덕혜옹주

1950년, 서울신문사 기자였던 김을한은 덕혜옹주의 행적을 추적하기 위해 일본 도쿄에 방문한다. 그는 어린 시절 덕혜옹주와 혼담이 있었던 김장한의 형이었고, 가문 간의 인연으로 인해 행방이 묘연해진 덕혜옹주를 찾아 나선 것. 놀랍게도 김을한이 덕혜옹주를 발견한 곳은 일본 도쿄의 한 정신병원이었다.

대한제국 황족들에게 부정적이었던 이승만 정권이 무너진 뒤, 군사정변으로 집권한 박정희 정권은 고심 끝에 덕혜옹주의 귀국을 전격 수용했다. 오랜 세월에 걸쳐 덕혜옹주의 귀국을 위해 누구보다 앞장서서 노력해 온 인물이 김을한이었다. 그는 "황족들은 일본에 제 발로 간 게 아니라 강제로 끌려간 것이다. 이들을 방치하는 건 우리의 책임"이라며 정부를 간곡히 설득했다. 그렇게 14세에 강제로 일본으로 떠나야 했던 소녀는 어느덧 51세의 지천명이 되어서야 정든 고국을 다시 밟을 수 있었다.

덕혜옹주는 정부 측의 배려로 창덕궁에서 여생을 지내게 된다. 한국으로 돌아온 지 27년이 지난 1989년, 덕혜옹주는 78세의 나이로 세상을 떠났다. 덕혜옹주의 무덤은 경기도 남양주에서 누구보다 그녀를 사랑했던 아버지 고종의 무덤 바로 뒤편에 세워졌다.

그녀는 오히려 대한제국의 황녀 신분으로 태어났다는 민감한 정치적 위치 때문에 감시당하고 이용당하는 불행한 삶을 살아야 했다. 힘없는 망국의 황족이자 여성이라는 환경적 한계 속에서 그녀가 평생 자유의지로 선택할 수 있는 일은 전무했다는 것을 감안해야 한다. 일본에서 겉으로 황족 귀족 대우를 받으며 평안을 누린 듯 보여도 정작 덕혜옹주에게 그런 삶이 과연 행복했을까. 결국은 그녀 역시 일제강점기라는 비극에 원치 않게 휩쓸려야 했던 수많은 희생양 중 한 명일 뿐이라고 봐야 할 것이다.

—출처: 오마이뉴스, 이준목, 2023년 6월 22일

1 덕혜옹주의 유년기와 청소년기의 삶을 요약해 봅시다.

....

....

....

....

2 덕혜옹주가 고종이 예비해 둔 김장한과 결혼하지 못하고 일본의 귀족 자제와 결혼한 이유와 그 과정에 대해 알아 봅시다.

....

....

....

....

3 일제의 앞잡이 한택수 장관의 제안에 덕혜옹주는 친일 연설을 하다가 동포 앞에서 "빼앗긴 들에도 봄은 온다"고 말했습니다. 연설의 내용을 바꾼 이유는 무엇이며 덕혜옹주가 동포들에게 말하고자 한 핵심은 무엇일까요?

....

....

....

....

4 이승만 정권은 덕혜옹주 및 영친왕 등 대한제국의 황실 가족들을 왜 받아들이지 않았을까요?

....

....

....

....

5 덕혜옹주가 일제강점기 희생양이 되었다고 생각하나요? 나라와 국민을 위해서 독립 의지를 발휘하지 못한 이유는 무엇이라 생각하나요?

무엇을 위해, 누구를 위해

영화의 시대적 배경이자 제목인 1987년, 학교에서 야간자율학습을 끝내고 집에 가면 부모님은 서울에서 의무경찰로 복무 중이던 작은오빠의 안부를 내내 걱정했다. 작은오빠는 매일 시위를 진압했다. 데모를 하던 대학생들이 내 부모님에게 있어선 너무나 꼴사나운 존재들이요, 한마디로 패륜아였다. 부모들이 등골 빠지게 고생해서 대학 보냈더니 하라는 공부는 안 하고 데모만 한다고 말이다. 그보다 당신의 의경 아들이 대학생들이 던진 화염병이나 돌에 맞아 다칠까 봐 그 데모꾼 녀석들이 더더욱 미웠을 거다.

내가 서울의 한 사립대학에 진학하자 부모님은 거듭 당부하셨다.

"절대 데모는 하지 마라."

스물두 살의 서울대생 박종철은 1987년 1월 14일 남영동 대공분실에서 고문당해 사망했다. 조사관이 책상을 '탁' 치니 '억' 하고 쓰러졌다고, 심장 쇼크사로 밀어붙이는 경찰에, 치안본부 대공수사처 치안감 박처원(김윤석 분)은 증거를 없애기 위해서 장례를 치르지도 않은 시신을 화장하려 한다. 서울지검 공안부장 최 검사(하정우 분)는 어떤 외압에도 불구하고 화장 동의서에 도장을 찍지 않고, 법의 원칙대로 시신보존명령을 내리고 부검 영장을 발송한다. 동아일보 사회부 윤 기자는 부검의를 비밀리에 취재해 박종철이 물고문에 의해 질식사했음을 보도한다. 동아일보는 들이닥친 경찰의 겁박으로 아수라장이 된다.

연희(김태리 분)는 외삼촌의 부탁으로 서울의 한 사찰에 진입해 민주화운동과 시위 주도로 수배 중인 김정남을 만난다. 연희는 심부름을 끝내고 돌아가던 중 백골단(사복경찰)에게 쫓기다 이한열(강동원 분)과 마주치게 된다. 연희는 친구와 함께 연세대 축제에 놀러 갔다가 이한열을 다시 만나 동아리에서 상영하는 비디오를 본다. 1980년 5월 광주를 다룬 비디오였다. 연희는 중간에 뛰쳐나와 오열하면서 한열에게 왜 그런 영상을 보여주느냐며, 가족들을 진정 생각하는 일이 데모냐며 다그친다.

교도관인 연희의 외삼촌, 교도소의 이부영, 조계종의 승려, 천주교 신부, 향린교회 목사, 그리고 연희에 의해 박종철 고문치사가 세상에 밝혀진다. 연희의 외삼촌은 박종철처럼 끌려가 고문을 당하고 피를 흘렸다. 이한열은 박종철 고문치사를 은폐한 정권은 물러나라 시위를 했다. 시위 진압대가 쏜 최루탄에 맞아 이한열은 쓰러졌다. 서울대생 박종철은 엘리트 코스대로 공부만 하면 되는데 왜 데모를 하다가 끌려가서 좌경 용공분자로 낙인찍혔을까? 강동원만큼이나 스마트한 외모를 갖춘 이한열은 공부만 하면 되는데 왜 데모를 했을까?

고등학생 때부터 나는 민주화를 외치던 운동권 대학생들의 순수한 영혼과 의협심에 존경과 선망을 보냈다. 대학에 가서 정권이 불순하게 여겼던 사회과학 스터디를 하며, 부모님이 그렇게 하지 말라던 데모 행렬에 끼어서 민주화를 외쳐보기도 했다. 운동권 사람들은 짐작했던 대로 순수하고 열정적이었다. 후배가 힘들어하면 먼저 손을 내밀고 배려하며 친절했다. 어떻게 이런 사람들이 북한과 연결되어 공작금을 받고 공산화를 꿈꾼다는 것인가? 읽지 말라는 금서들도 이해가 되지 않았다.

그러나 세월이 흘러 어느 운동권 선배가 약혼녀를 버리고 다른 여자와 결혼했다. 함께 투쟁하며 사랑했던 여자 선배를 버렸다는 소문에, 나는 최초로 운동권 사람들에게 도덕적 해이를 느꼈다. 이후로 운동권 사람들이 범한 실수나 과오를 목격하면 더 많이 실망했다. 이처럼, 운동권 사람들이 잘못을 저지르면 일반 시민들에 비해 더 가혹한 뭇매를 맞는다. 정의를 외치고, 자유를 외치고, 높은 이상주의자였던 그들이었기에 우리는 운동권에게 완전무결한 도덕성을 요구했다.

영화에 등장한 박종철, 이한열, 그들이 지금 살아있다면 586운동권의 주축으로 국회의원이 되거나 장·차관이 되었을지도 모른다. 그들과 함께 투쟁했던 동료들 중에는 정계에서 한자리를 차지해 격려를 받거나 비난을 받기도 한다. 한때 젊음과 순수함으로 민주화를 외쳤던 그 586운동권들에게 묻는다. 지금은 무엇을 위해 살고 있는지, 누구를 위해 생각하고 버텨나가는지.

1987년 1월 14일 서울대학교 인문대학 언어학과 3학년 학생 박종철이 경찰에게 연행되어 남영동 대공분실에서 각종 고문을 받다가 사망했다. 당시 발표문에 따르면 박종철은 1월 14일 아침 8시 10분경에 관악구 신림동 하숙방에서 연행되어 9시 16분경 아침 식사로 나온 밥과 콩나물국을 조금 먹다가 입맛이 없다면서 냉수를 몇 잔 마신 뒤 10시 15분경부터 박종운 소재에 대해 심문 도중에 수사관이 책상을 치자 박종철이 "억" 소리를 지르며 쓰러져 병원으로 후송되었으나 정오 즈음에 사망했다고 한다. 훗날 밝혀진 사인은 물고문에 의한 질식사였다.

동아일보가 1월 16일부터 부검의 오연상과 박종철의 삼촌인 박월길 등의 증언을 상세히 보도하면서 단순 사망이 아님을 보도하기 시작했다. 동아일보는 보도지침을 어기고 1월 19일에는 "물고문으로 질식사"를 1면 탑기사로 실어 대서특필하고 고문 근절 특집 기사를 사회면에 대대적으로 보도했다. 동아일보의 이 보도는 6월 항쟁을 촉발한 결정적인 보도가 되었다.

민심이 폭발하자 정권은 겨우 4일 만인 19일 2차 수사 결과에서 강민창의 "탁 치니 억 하고 죽었다"는 견해를 뒤집고 고문이 있었다고 발표했다. 당시 영등포교도소에 수감 중이던 민주화운동가이자 동아일보 해직 기자였던 이부영(훗날 열린우리당 의장)이 사건이 축소조작되었다는 사실을 알게 되고 이를 휴지에 적어 천주교정의구현사제단에 전달해 외부에 알렸다. 이부영이 은밀하게 사건의 전말을 기록한 문서는 또 다른 교도관 1명을 통해 천주교정의구현사제단의 김승훈 마티아 신부에게 전달되었다.

서울대학교 인문대학과 중앙도서관 사이에는 박종철이 당했던 고문을 형상화한 '박종철 열사 기념비'와 흉상이 세워져 있다. 박종철의 모교인 혜광고등학교에도 2002년에 펜촉 모양의 기념비가 신관과 본관 사이에 세워졌다. 사건 초창기에는 박종철 이름만 꺼내도 교사들에게 무자비한 구타를 당하기 일쑤였는데 겨우 이름을 말할 수 있게 된 것도 2002년경이라 그때야 기념비를 세울 수 있었다. 2018년 1월 13일에는 31주기를 하루 앞두고 그가 지냈던 하숙집 골목 앞 길이 '박종철 거리'로 제정되었다.

—출처: https://namu.wiki/w/박종철 고문치사사건

1987년 4월, 전두환은 남은 임기가 1년도 안 되어 임기 중의 개헌이 불가능하니, 현행 5공화국 헌법대로 차기 대통령 선거를 치르고 정권을 이양하겠다는 특별 담화로 대통령 간접 선거 조항을 사수하겠다는 의사를 밝혔고, 이는 가뜩이나 대통령 직선제로의 개헌을 열망하던 사람들의 반발을 끌어냈다.

천주교정의구현전국사제단의 김승훈 마티아 신부가 5·18 민주화운동 7주기 추모 미사에서 박종철 고문치사 사건이 축소·은폐되었고 고문경찰은 모두 5명이었다는 것을 폭로하면서 국민들의 분노는 더욱 상승했다. 여론은 폭발했고, 야당과 재야운동 권은 고문 살인 은폐 조작을 규탄하는 대규모 대회를 열었다.

6월 9일. 전국 각 대학 학생들은 10일 집회 하루 전, 각 대학 교정에서 사전집회를 연다. 연세대학교도 예외가 아니어서 천여 명이 노천극장에 모여 사전 집회를 진행했다. 학생들은 '전두환-노태우 화형식'을 끝낸 후 교문 앞으로 진출하면서 사건이 발생했다. 교외로 진출하려는 학생들에게 경찰들은 최루탄을 발사했는데, 규정을 무시하고 직사로 사격한 최루탄이 연세대생 이한열의 후두부에 직격한 것이다.

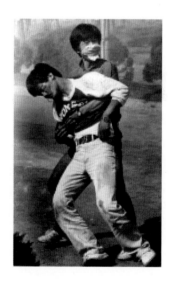

이한열은 쓰러졌고, 같은 학교 도서관학과 학생 이종창이 겨우 부축해서 세브란스 병원으로 호송됐다. 그리고 피 흘리며 쓰러진 이한열을 이종창이 힘을 다해 부축하는 장면을 로이터 통신 사진기자인 정태원 기자가 담아냈고, 이 사진이 뉴욕 타임스 1면과 중앙일보에 보도되면서 사건은 걷잡을 수 없이 커지게 된다.

1960년 4·19혁명 때도 이와 같은 사건이 일어났다. 김주열, 이한열 모두 최루탄에 맞아 사망했으며, 이를 기점으로 범국민적 시위로 확산되었다는 점이 공통적이다. 결국 역사는 반복되었다.

6월 항쟁은 대통령 직선제를 비롯한 헌법과 정권의 개혁안을 발표하게 만든 사건으로 이후 한국 사회에서 민주화와 자유화의 물결이 본격적으로 대두되었으며, 이 사건을 계기로 제정된 대한민국 헌법 9차 개정안이 지금까지도 1987년 체제라고 표현될 정도로 한국 정치, 법률 운영의 기초가 되고 있다.

—출처: https://namu.wiki/w/6월 항쟁

1 대공수사처 치안감 박처원은 장례를 치르지도 않은 박종철의 시신을 화장하려 했습니다. 왜 그랬을까요?

....

....

....

....

2 서울대생 박종철과 연세대 이한열은 엘리트 코스대로 공부만 하면 되는데 왜 데모를 했다고 생각합니까?

....

....

....

....

3 연희는 5월 광주항쟁이 담긴 비디오를 보다가 오열하면서 한열에게 왜 그런 영상을 보여 주느냐며, 가족들을 진정 생각하는 일이 데모냐며 다 그칩니다. 연희는 당시 어떤 대학생의 전형이었으며, 한열은 어떤 대학생의 전형일까요?

....

....

....

....

4 1987년 정치 사회와 지금의 정치 사회는 많이 달라졌습니다. 여러분이 아는 대로 이야기해 봅시다.

....

....

....

....

5 1987년 6월 항쟁이 일어난 배경과 그 의의에 대해 생각해 봅시다.

....

....

....

....

남·북한은 괜찮은가?

1991년 부패한 정부를 규탄하는 시위대와 아이디드가 이끄는 반군의 침공으로 아프리카 소말리아의 수도 모가디슈는 아비규환이었다. 생사를 다투는 그곳에서 남한과 북한 대사관 사람들이 극적으로 탈출했던 실화를 바탕으로 한 영화이다. 실화와 영화는 좀 다른 점이 있으나 남·북한 사람들이 죽음의 위기에서 서로를 챙기며 이방의 땅 모가디슈를 빠져나오는 스토리 자체만으로 경이로워 마음에 파문을 일으키기에 충분하다.

대한민국과 북한은 UN에 가입하기 위해 소말리아의 표가 필요했다. 소말리아 국왕에게 여러 선물을 들고 면담 장소로 가던 안기부 출신 정보요원 강대진(조인성 분)은 중간에 북한의 습격으로 물품들을 빼앗긴다. 북한이 먼저 면담 장소로 향했다. 이후 소말리아 내전으로 북한 대사관이 반군의 타겟이 된다.

북측 사람들이 약탈을 당하고 폭력을 당해서 죽든 말든 상관하지 않겠다던 강대진은 마음을 열게 된다. 북측 사람들도 마찬가지였다. 남과 북측 사람들이 함께 식사를 하는데 북측 사람들은 숟가락을 들지 못한다. 믿지 못해서이다. 한신성(김윤석 분) 대사가 북측 대사의 밥그릇을 바꾸어 밥을 입에 욱여넣자 그들은 안심하고 식사를 했다. 북한 아이들을 보자마자 남측 대사관 사무원(김재화 분)은

"쟤들은 훈련받아서 맨손으로도 사람을 죽인다던데"

라며 꺼림칙하게 여겼다. 남측 대사관 안으로 들어서자마자 북한 아이들은 1988년 서울 올림픽 마스코트 인형이 먼저 눈에 띄었다. 그냥 아이들이었다. 사람을 죽이고 약탈하던 아이들은 밖에 있었다. 소말리아 부패 정부 아래서 억압당해 모든 순수함을 약탈당한 아프리카 아이들이었다. 그 아이들은 총을 겨누며 "돈 내놔! 돈 내놔!"를 외쳤다.

영국 이코노미스트 기자 로버트 게스트는 그의 책에서 "콩고에서 내가 가장 두려워한 것은 계단에 앉아 AK-47 소총에다 뺨을 대고 있는 소년

병사의 모습"(『아프리카 무지개와 뱀파이어의 땅』 김은수 역, 지식의 날개, 2009)이라 했다. 이 영화에서도 마찬가지였다. 시위대와 폭도를 따라서 총을 쏘고 물건을 훔치는 어린 병사들이 참 끔찍하고 가여웠다. 남한에서 만든 캐릭터인 호돌이 인형을 보고서 눈을 감아야 했고 사상 교육을 철저히 받아온 북한 아이들도 총소리가 나면 엄마의 치맛자락에 파고들었다. 소말리아 아이들이 총으로 "따다다다" 쏘는 시늉을 하자 북한 아이들은 "욱"하며 쓰러지는 시늉을 했다. 잠시 전쟁놀이를 하는, 얼굴이 검은 아이들과 얼굴이 검지 않은 아이들은 그냥 아이였다. 그러나 허공에 총알을 난사하면서 아이는 악마가 깃든 표정을 지었다.

> 폭탄을 만드는 사람도
> 감옥을 지키던 사람도
> 술가게의 문을 닫는 사람도
>
> 집에 돌아오면 아버지가 된다.
> 아버지의 때는 항상 씻김을 받는다.
> 어린 것들이 간직한 그 깨끗한 피로
>
> 김현승, 〈아버지의 마음〉 중에서

부모의 보호 아래 먹고 자고 쉬어야 할 아이들에게 신은 너무나 가혹했다. 신에게 엎드려 기도를 끝내자마자 총을 쏘고 칼을 휘두르는 폭도들은 진정 무엇을 위해 목숨을 걸고 싸웠던 걸까? 그들의 신이 이교도들 따위야 모두 원수이고 악마이니 무조건 없애라 했을까? 아이들도 무장해 싸우라 했을까? 아이들이 간직한 깨끗한 피와 순수에 씻김을 받지 못하고 소말리아 사람들은 아버지임을 잊은 채 맹목적으로 신을 믿고 싸웠다. 진정 무엇을 위해서?

1991년 이후 남과 북의 관계는 좋아졌는가? 1998년 6월 16일 정주영 회장이 소 떼를 이끌고 판문점을 넘어 북으로 갔다. 북한 주민들은 환호했고 김정일도 반겨주었다. 개성공단이 생기고 2000년 6월에 김대중 대통령과 김정일 위원장이 만나 남북정상회담을 가졌다. 통일의 물꼬가 트인 줄 알았다. 그러나 2002년 6월 29일 북한 경비정은 북방한계선을 침범해 연평해전을 일으켰다. 이후 노무현 대통령과 문재인 대통령도 북한에 가서 남북정상회담을 했다. 지금은 어떠한가? 개성공단은 폐쇄되었는데 정 회장이 선물로 주었던 소들은 북한 땅에서 새끼를 낳고 또 새끼를 낳지 않았을까?

여전히 아프리카 대륙은 정부의 부패, 가난, 내전 등으로 불안하다. 아프리카 아이들은 커피콩을 따고 돈 벌러 나간 부모를 대신해 흙밥을 먹으며 집을 지킨다. 이슬람 국가 IS 소년 병사는 몸에 폭탄을 설치해 테러 현장에 뛰어든다. 북한 아이들은 전 세계를 휩쓸어 버린 코로나19에 얼마나 감염되었는지, 치료제는 있는지, 백신은 맞았는지, 밥은 먹고 사는지 우리는 잘 모른다.

모가디슈에서 서로의 생명과 안전을 돌봐 주었던 그 마음이 지금도 우리에게 있을까? 사람을 때려잡는 애라고 여겼는데 그냥 남한 아이와 똑같이 보호받아야 할 어린아이였음을 깨달아 빗발쳐 오던 총탄 속에서도 지켜 주었던 아버지 같은 마음이 있단 말인가? 이제는 우리가 맞아야 할 코로나 백신을 북한에 왜 퍼 주냐며 볼멘소리를 내던 마음만 남아 있는 건 아닐까?

모가디슈라는 이름은 본디 아랍어에 뿌리를 두고 있다. 아랍식으로는 '무까디슈'라고 발음하며, 이 발음을 이탈리아인들이 '모가디시오(Mogadiscio)'로 알아들었고, 이 지역을 2차 세계대전 이후 점령한 영국인들이 이를 다시 '모가디슈(Mogadishu)'라고 한 것이 지역명의 유래가 되었다.

주민 대부분은 소말리아인이며, 이들은 모국어인 소말리아어만 사용하지 않고 아랍어도 사용한다. 아랍화된 소말리아인 말고도 진짜 아랍인과 영국 신탁통치 시절 인도에서 건너온 인도인, 그리고 구 식민지배자 이탈리아인도 극소수 있었다. 이러한 외국인들은 1991년 소말리아 내전이 발발한 후 그들의 본국으로 갔다.

모가디슈는 1905년부터 이탈리아의 식민지가 되었다. 당시 이탈리아인들은 에티오피아 침공을 노렸으나 실패했고, 이를 대신해 소말리아 지역의 남단부를 점령해 모가디슈에 투자했다. 이탈리아 식민 기간에 모가디슈 시민 중 2만 2천여 명, 약 44%가 이탈리아인이었다. 이때의 이민 과정에서 이탈리아 건축 양식이 보급되었으며 모가디슈를 휴양지로 개발하는 과정에서 이런저런 인프라 시설이 확충되었다. 이후 제2차 세계대전이 진행 중이던 1941년에는 영국군이 이 도시를 점령하게 되었고 영국과 프랑스의 신탁통치를 거친 뒤, 북부의 영국령 소말릴랜드와 합체해 소말리아라는 국가로 독립하게 되었다.

1950년대 및 1960년대에는 중계무역업과 휴양하러 오는 유럽인들을 상대로 한 관광업이 꽤 성했다. 이러한 기조는 시아드 바레 장군의 집권 초기까지도 이어졌으나, 1970년대 그가 무리하게 오가덴 전쟁을 일으켰다 패배한 뒤 가뭄이 겹치면서 소말리아는 세계 최빈국으로 주저앉게 되었다. 1991년 바레의 독재 정권이 무너지자마자 1년도 안 되어 발발한 소말리아 내전 때문에 모가디슈는 더더욱 혼란상에 휩싸였다. 내전이 시작된 1992년 이후 20년이 넘도록 도시가 전쟁터로 바뀌어 과도 정부와 이슬람 무장 단체인 알샤바브간의 전투가 벌어졌다.

―출처: https://namu.wiki/w/모가디슈

영화 〈모가디슈〉로 유명해진 '소말리아 남북 공관원 탈출' 사건의 전말이 당시 외교문서로 처음 공개됐다.

4월 6일 외교부가 공개한 비밀해제 외교문서 가운데 1991년 당시 한국 외무부가 작성한 '주소말리아 남·북한 대사관원 동시 철수' 문서를 보면, 강신성 주소말리아 대사 등 대한민국 국민 7명은 소말리아 내전 당시 반정부군이 수도 모가디슈로 진격해 오자, 1991년 1월 주변 국가로 피난하겠다고 외무부에 보고했다. 대사관저에 피신해 있던 이들은 1월 9일 구조기를 타러 공항으로 나갔지만, 교신이 제대로 작동하지 않은 탓에 비행기에 오르지 못했다. 당시 공항엔 무장강도한테 북한대사관이 침입당해 김용수 북한대사 등 북한 인사 14명이 피신해 있던 중이었다. 강 대사는 공항에서 이들을 만나 사정을 듣고 공동 대피를 제안했다. 영화에선 북한 쪽이 공동 대피를 요청한 것으로 그려졌지만, 실제로는 그 반대였다.

강 대사가 작성한 전보엔 "북한 대사관 직원들과 함께 있는 동안 동인들의 딱한 처지를 우리가 악용한단 인상을 줄 언행과 감정을 상하게 하는 일은 회피하고 오히려 그쪽을 우대한다는 자세를 견지했다. 정치적인 이야기는 최대한 삼갔다"고 적혀있다.

당시 외무부가 작성한 외교문서에는 "북한 공관원들도 우리 공관원들과 함께 철수할 수 있도록 이태리 정부와 교섭한 바 이에 따라 1월 12일 이태리 군용기편으로 양쪽 공관원들이 루마니아 대리대사와 함께 케냐의 몸바사 공항으로 철수했습니다"라고 썼다. 이어 문서의 '조치사항' 항목에 "금번 남북한 외교관 동시 철수 시 협조 사실은 7·7선언의 구체적 실천 사례의 하나로 보고 상세 내용을 전재외공관에 통보, 활용케 조치했습니다"라고 상부에 보고했다.

—출처: 한겨레신문, 신형철 기자, 2023년 4월 6일

'투자 귀재'로 통하는 짐 로저스 로저스홀딩스 회장은 12월 11일 김영호 통일부 장관을 만나 "남북 국경이 열리면 제가 바로 맥주를 준비하고 블랙핑크를 초

청해 큰 파티를 열겠다. 북측에서 밴드도 초청하자"라고 밝혔다.

로저스 회장은 이날 오후 서울 광화문 정부서울청사에서 김 장관을 만나 "언젠가 한반도에서 통일이 이뤄질 것이라 말하고 싶다"며 이같이 말했다.

그는 "한국에서 어떤 분들은 통일을 두려워하지만, 국경을 열고 휴전선과 비무장지대(DMZ)를 없애고 개방한다면 그 이후에는 한국 사람들이 알아서 문제를 해결할 것"이라며 통일 이후 한반도 상황을 긍정적으로 내다봤다.

이에 김 장관은 한반도 긴장이 고조되고 있는 가운데 해외투자자들의 우려를 불식시키도록 노력하겠다고 밝혔다. 김 장관은 "북한이 '9 · 19 남북 군사 분야 합의'를 전면 파기하고 긴장 수위를 높이고 있다"라며 "정부는 북한의 도발 가능성에 만반의 대비 태세를 갖추고 있고, 해외투자자들이 우려하지 않도록 많은 노력을 기울이고 있다"라고 강조했다.

로저스 회장은 워런 버핏, 조지 소로스와 함께 세계 3대 투자자로 꼽힌다. 그는 평소 남북통일을 낙관적으로 전망하면서 북한을 최고의 투자처로 꼽는 등 한반도 문제에 많은 관심을 표시해 왔다.

—출처: 서울신문, 권윤희 기자, 2023년 12월 11일

생각해 봅시다

1 1991년 남북이 UN 가입에 적극적이었던 까닭은 무엇이며, 현재 UN가입국으로서의 대한민국의 위상은 어떤가요?

....

....

....

....

2 남한 대사관에서 함께 머물던 남북 사람들이 처음엔 서로를 경계하다가 나중에 협력해 탈출하게 됩니다. 그 이유에 대해 생각해 봅시다.

....

....

....

....

3 영화의 내용과 실제 문건에서의 남북 사람들의 행동에는 차이가 있었습니다. 감독이 이 영화를 통해 말하고자 하는 것은 무엇인가요?

....

....

....

....

4 지금 소말리아는 여행금지국으로 지정되었습니다. 소말리아 정부군과 반군이 대치하는 이유는 무엇일까요?

....

....

....

....

5 남북통일은 꼭 필요할까요? 짐 로저스의 주장은 실현할 수 있을까요?

....

....

....

....

저 나무처럼

정분임

팔이 잘린 채
하늘 향해
해를 안고 기다린다
땅 아래에선
얼음눈에 동상 걸린 뿌리가
이를 악문다

눈에 보이는 통증과
눈에 띄지 않는 견딤으로
스스로 더 튼튼하게
샛길을 다지고 있으니

우리도 그렇게
하늘 향해 눈물을 보이고
땅 아래에선 근육을 키우며
버텨보자
길을 내어보자.

제2장

좋은 시민이
되렵니다

⋮

영화 <감기> – 백신이냐 바이러스냐

영화 <터널> – 우리는 안전한가요?

영화 <목격자> – 신고해도 괜찮아!

영화 <내가 죽기 전에 가장 듣고 싶은 말>
　　　　　　– 웰다잉, 웰빙하려면

백신이냐 바이러스냐

2013년에 개봉한 이 영화가 코로나19로 인해 화제가 되었다.

영화의 시간은 2014년 4월, 한국으로 가는 컨테이너에 밀입국자들이 몰려들었다. 컨테이너가 평택항에 도착하자 컨테이너 속 밀입국자는 거의 쓰러져 죽어 있었다. 컨테이너를 우송하기로 한 남자들은 컨테이너를 수색하다 혼자 살아남은 노동자 몽싸이를 발견한다. 몽싸이를 데려가던 남자가 기침을 한다. 기침을 통해 나온 비말은 분당의 한 약국에서 퍼졌고, 그 공간에 있던 대부분의 사람들은 바이러스에 감염되었다. 약국을 나온 사람들은 버스를 타고 학교에 가거나 직장에 갔다. 이렇게 바이러스는 무차별적으로 퍼져나갔다. 첫 환자가 사망하자 24시간도 되지 않아 기침을 하고 피를 토하는 환자들이 속출한다.

코로나19는 중국 우한에서 시작된 바이러스 때문이었다. 영화 속 바이러스 확산지 분당은 우한처럼 봉쇄되었다. 국가재난본부가 설치되고 대통령은 사과 담화문을 전했고 분당 시민들은 임시 격리 수용소로 가게 된다. 그러나 거의 소위 있는 사람들, 가진 사람들은 헬기를 타고 분당을 벗어났다. 바이러스에 감염된 사람들로 분당은 엉망이 되었다. 감염자는 걸어가다가 피를 토하며 쓰러지거나 죽어갔다. 유튜브에 떠도는 우한에서도 사람이 쓰러져 죽었다. 우한의 병원은 과부하 상태였고, 화장터도 마찬가지라고. 영화도 유사했다. 바이러스에 감염되어 죽은 사람들을 그냥 쓰레기 취급했다.

감기바이러스를 물리칠 백신을 찾았다. 컨테이너 속에서 유일하게 살아남은 몽싸이는 항체를 스스로 생성했다. 몽싸이의 항체를 투여받은 어린이 미르는 다행히 살아남았다. 사체처리장에 내팽겨진 미르를 찾아낸 119구조대원 지구(장혁 분)가 있었기에, 딸을 살리기 위한 엄마이자 감염내과 의사인 인해(수애 분)가 사투를 벌였기에 미르는 죽음에서 벗어났다.

이렇게 백신 같은 사람이 있는가 하면 바이러스처럼 독이 되는 사람도 있다. 대표적으로 국환(마동석 분)과 분당 국회의원이었다. 국환은 먼저 살기 위해 미르의 피를 마구 뽑으려 했고, 자신만 죽을 수 없다며 분당 시민들에게 "서울에도 감염자를 만듭시다"라고 선동했다. 분당 시민들은 국환과 함께 진군했다. 경계선에서는 무장한 군인이 발포를 기다리고 있었다.

특히 분당 국회의원은 시민들을 위하는 척하면서 분당에서 재빨리 몸을 피해 국무총리 옆으로 간다. 바이러스 확산 초기에 그는 회의장에서 분당에 개최되는 국제행사가 몇 개인데, 분당을 폐쇄하냐고 계산적이고 이기적인 발언을 일삼았다. 국가재난본부에서도 마찬가지였다. 대통령이 48시간 비감염상태의 분당 시민들을 격리소에서 해제하기를 발언하자, 총리 편에 서서 23만의 분당 시민 때문에 대한민국 전체가 감염될 수 없다며 반대한다. 그는 사람의 생명과 안전보다 국제 행사를 먼저 걱정하고, 개개인의 안전보다 물량적인 사고와 논리로 정치를 하는 자였다.

코로나19로 인해 우리 사회는 극심한 변화를 겪었다. 물리적, 사회적 거리두기로 학교는 원격수업으로, 회사는 재택근무로, 도서관이나 박물관은 오래 문을 닫았고, 프로야구나 축구 및 모든 운동 경기장엔 관중 입장이 금지되었다. 코로나19 심각기에 영업점은 10시가 되면 문을 닫아야 했고, 자영업자는 영업 손실을 감수해야 했다.

2023년 이후 코로나19 위기로 살아가던 우리는 마스크를 벗고 나들이를 가고, 여행을 간다. 열 체크를 항상 받아야 했던 규제도 없어졌다. 아직 병원에는 위문과 방문이 제한되어 있지만 우리는 많은 것을 잃었고 경험했다. 코로나 감염자 격리시설에서 탈출해 거리를 활보하던 사람, 마스크를 제대로 쓰지 않아 눈살을 찌푸리게 하던 사람, 무엇보다 감염 상태로 별세해 장례식도 제대로 못 치렀던 슬픈 경험도 있다.

코로나19는 완전히 종식되지는 않았다. 앞으로 또 어떤 바이러스가 세계를 위기에 빠뜨릴지 모른다. 그러나 지구와 인해 같은 사람들이 있다면 미르같이 순수한 아이를 끝까지 지켜낼 것이다. 영화 속 가장 순수하고 착한 '미르'가 살아냈듯이 건강하고 순수한 사람들이 마음 놓고 살아갈 사회가 되기를 바란다.

2019년 11월 17일에 중국 후베이성 우한시에서 최초로 발생했다. 대한민국을 포함한 세계 각국에서는 중국의 우한에서 최초로 시작된, 폐렴 증상이 나타나는 질병이라 해 초기에 이 질병은 우한 폐렴(Wuhan pneumonia)이라 불렀었다. WHO에서 2020년 2월 11일 공식 명칭을 COVID-19로 확정했으며, 한국에서는 코로나바이러스감염증-19(줄여서 코로나19)로 번역했다.

2020년 1월부터 본격적으로 중국을 넘어 아시아권부터 퍼지기 시작해 2월 중순부터 전 세계로 퍼지기 시작했고 3월 말까지 전 세계의 모든 국가, 그리고 모든 대륙으로 확산되며 수많은 확진자와 사망자를 기록했다.

감기처럼 매우 쉽게 전염되는데 고령층을 상대로 한 치사율도 높은 편인 전례 없는 전염병이라고 할 수 있다. 심지어 노년층뿐만 아니라 20~30대의 젊은 연령층의 병원 간호사들이나 10대 청소년들이 사망하는 경우들도 종종 나오고 있어 공공보건 문제와 경제 타격 문제 사이에서 계속해서 큰 갈등과 논란을 함께 빚고 있다.

2023년 5월 5일, 코로나19의 국제적 공중 보건 비상사태(PHEIC)가 해제되었다. PHEIC가 선언된 3년 4개월 동안 공식적으로 6억 8700만 명 이상의 확진자와 약 690만 명의 사망자가 발생했고, 약 133억 회의 백신이 접종되었다.

—출처: https://namu.wiki/w/코로나바이러스감염증-19

이승만 정부 이래 질병, 보건의 연구관리 기관의 통합과 분리가 이루어져 왔다.

1945년 해방 직후 모범 연구소, 조선방역연구소, 국립화학연구소 설립이 되었다가 1959년 중앙보건원으로 통합 출범, 박정희 정부 시기인 1963년 국립방역연구소, 국립화학연구소, 보건요원양성소, 국립생약시험소가 국립보건원으로 통합되고 1966년 국립보건연구원으로 개칭되면서 보건, 질병 연구기관의 기틀이 만들어졌다.

전두환 정부 시절인 1981년 국립보건원으로 개칭되고 국민의 정부가 집권한 1999년 전염병관리부가 신설되었지만, 감염병 대응을 위한 확대 개편은 2004년에 이루어졌다. 2003년 사스 사건 당시 감염병 및 방역 담당 부서는 보건복지부 국립보건원의 2~3명에 지나지 않았다. 이에 체계적인 감염병 대책을 위한 기구 신설의 필요성이 부각되었다. 정은경 청장에 따르면 사스 극복 후 노무현 前 대통령과 평가 대회를 하는 과정에서 질본이 만들어졌다고 한다. 이후 미국 질병통제예방센터(CDC)를 모델로 해 질병관리본부(KCDC)가 설립되었다.

2020년 코로나바이러스감염증-19의 전 세계적인 대유행과 신천지 대구교회 집단감염으로 시작된 국내 대규모 감염이 발생하면서, 정부의 방역 역량 강화의 필요성이 커지게 된다. 2020년 5월 문재인 대통령이 질병관리본부를 질병관리청으로 승격할 것을 예고했고, 2020년 8월에 국회 본회의를 통과했다. 그리고 2020년 9월 12일에 질병관리청으로 승격되었다. 두세 명으로 시작한 조직이 16년 만에 '본부'를 지나 1,500여 명이 일하는 '청'급으로 승격된 것이다.

2020년 9월 질병관리본부가 질병관리청으로 승격하면서 질병대응센터, 국립감염병연구소 등이 신설되어 소속기관이 불어났다. 또한, 보건복지부로부터 국립목포병원 및 국립마산병원 등 결핵병원 2곳을 가져오게 되었다. 반면, 질병관리본부 시절 소속기관으로 보유하던 국립장기조직혈액관리원은 외청 승격과 동시에 보건복지부로 이관되었다.

-출처: https://namu.wiki/w/질병관리청

1 영화에서 분당이 폐쇄된 이유는 무엇이었고 시민들의 반응은 어떠했나요?

....

....

....

....

2 감염내과 의사 인해는 딸 미르를 구하기 위해 미르가 바이러스에 감염된 사실을 숨깁니다. 엄마로서는 이해되는 행동이지만 감염내과 의사로서는 문제가 있습니다. 이를 비판해 봅시다.

....

....

....

....

3 분당을 폐쇄한 조치는 바이러스 확산 방지에 효과적이었나요? 여러분이
사는 지역이 분당처럼 폐쇄된다면 어떤 일들이 벌어질까요?

....

....

....

....

4 질병관리청이 만들어진 배경과 역할에 대해 말해 봅시다.

....

....

....

....

5 코로나19 이전과 이후의 우리 생활은 어떻게 달라졌는지 생각해 봅시다.

....

....

....

....

영화 〈터널〉
우리는 안전한가요?

이 영화를 보고 나서 터널을 지날 때마다 '설마? 이 터널은 괜찮겠지?' 가방 속을 뒤적여 보기도 한다. 생수라도 지니고 다녀야 하지 않을까? 그렇게 터널을 통과한다. 하도터널에 35일간 갇혀 지냈던 이정수(하정우 분)가 추위, 배고픔, 갈증, 불안, 공포 속에서 구출된 것은 한마디로 기적이었다.

정수는 자신의 일(자동차 영업)에 충실하며, 교통 신호를 잘 지키고, 아내와 딸에게도 자상한 소시민이었다. 집으로 가던 정수는 주유소에서 알바 노인에게 3만 원 주유하라 했더니 귀가 어두운 노인은 기름을 가득히 넣었다. 9만 7천 원의 기름을 넣었다. 노인은 당신을 향해 화를 내지 않는 정수에게 생수 2병을 챙겨 준다. 그 기름 덕분에 94.2채널의 클래식을 수십 일간 듣게 되었고 생수 또한 며칠간 버티게 한 밑천이 되었다. 노인이 실수하지 않고 3만 원의 기름만 넣었다면 그가 어떻게 35일을 버텼겠는가?

정수가 붕괴된 터널 안에서 만난 미나의 반려견 탱이는 공포와 불안과 고독을 감쇄시키는 친구가 되어 주었다. 노인의 실수로 가득히 넣은 기름, 생수, 미나의 반려견이었던 탱이, 클래식 음악 등은 붕괴된 터널 안에서 35일간 버틸 수 있게 한 조건과 장치가 되었다.

터널 붕괴 17일, "이정수 씨, 곧 나옵니다."
구조대장 김대경(오달수 분)의 외침에 이어 한 기자가 말한다.
"아깝다, 하루만 더 있으면 기록 깨는 거잖아. 삼풍 때가 17일이었는데…"
그러나 정수는 구조되지 못했다. 설계 도면의 오류로 정수가 매몰된 지점이 아니라 엉뚱한 곳을 굴착하며 구조작업에 심혈을 기울였기 때문이다.
"나 여기 더 이상 못 있겠어. 못 하겠어. 나더러 정신 차리라 하지 마.

수진이 잘 키워줘."

정수는 아내 세현(배두나)에게 꺼져가듯 말을 전하며 절규한다. 정수에게는 구조를 기다리는 것이, 살아있는 것이 너무나 끔찍하다.

붕괴 23일, 국민안전처 장관 앞에서 구조작업 상황과 그 전개에 대한 좌담회가 열렸다. 하도터널 구조작업으로 하도제2터널 공사가 중단되었고 그 손실액이 500억이 넘는다. 언제까지 기다려야 하는가? 이전에 도롱뇽 하나 때문에 터널 공사가 중단되어서 국가 경제가 얼마나 손해를 입었는가? 이런 손실 타산을 따지는 회의가 진행 중일 때, 구조작업을 하던 반장이 사고를 입게 되었다. 절삭기 날이 그의 가슴에 꽂혀 사망에 이른다.

세현은 남편을 끝까지 구조하기 위해 구조 작업반 인부들의 눈치를 보며 조리실에서 조기를 굽는다. 사망한 작업반장의 늙은 모친이 찾아와서 세현에게 계란을 투척한다. 세현이 빈소에 두고 간 부의금도 집어 던지면서

"너 땜에 내 아들이 죽었다고! 네 남편 시신 건지자고 멀쩡히 살아있던 내 아들 죽었다고!" 울부짖는다.

세현은 "죄송합니다. 죄송합니다." 머리를 조아리며 마음 다해 사과한다. 정말 사과를 하고 용서를 구해야 하는 죄인은 누구인가? 부실공사를 단속하지 못하고 터널을 인가해 개통하도록 도장을 찍은 실무자 및 행정가는 세현에게 무릎을 꿇어서라도 용서를 구해야 마땅하다. 그런데, 사람의 생명을 도롱뇽에 비유하는 그들은 언제 사과할까? 언제 죄를 뉘우치고 회심할까? 자극적인 기사로 특종에만 신경 쓰는 언론인은 어떻게 진실을 이야기할 것인가?

붕괴 27일, 구조대장 김대경은 다이빙 벨처럼 생긴 원통형 기구를 타고 정수가 매몰된 지점을 탐사하게 된다. 정수는 온 힘을 다해 자동차 클랙슨을 눌렀고 구조대장은 그가 살아있음을 발견한다.

붕괴 35일, 정수는 구조되었다. 그리고 반려견 탱이도 구조되었다.

2003년 2월 18일 오전 9시 52분, 대구지하철 중앙로역에서 화재가 발생했다. 해당 사고로 192명이 사망, 6명의 실종자가 발생했으며 151명의 부상자가 발생했다.

이 사고는 뇌졸중과 심한 우울증을 앓고 있던 김 모 씨(당시 56세)의 방화로 일어났다. 그는 자살하기 위해 주유소에서 휘발유 2리터를 사서 지하철에 탑승했다. 중앙로역에 진입하자 김 씨는 휘발유 통에 불을 붙였다. 인근의 승객들이 김 씨를 제지했으나 불이 김 씨의 옷에 옮겨붙었다. 놀란 김 씨는 휘발유 통을 던져버렸고 불이 붙은 휘발유가 쏟아지면서 순식간에 전동차 의자와 바닥에 불이 붙었다. 기관사는 비치용 소화기로 불을 진압하고자 했으나 불길이 심해 소화하지 못했고 기관사는 종합상황실에 보고도 하지 않고 대피했다. 마침 열차가 정차 중이었고 문이 열려 있는 상태였기 때문에 승객들도 바로 대피할 수 있었다. 그러나 화재로 인해 미처 지상으로 대피하지 못한 승객 49명은 질식사하고 말았다.

사고 2분 뒤 반대편 차선으로 진입한 열차가 승객 승하차를 위해 출입문을 열자 화재로 인한 연기와 유독 가스가 열차 안으로 밀려 들어왔다. 기관사는 급히 출입문을 닫았고 탑승객들은 열차 안에 갇히는 상황이 되었다. 대합실에 연기가 가득 차면서 지하 1층 상가도 연기에 갇혔다. 더 큰 피해를 막기 위해 방화 셔터가 내려왔고 미처 대피하지 못한 사람들은 대합실에 갇히는 상황이 되고 말았다. 이어서 중앙로역 전체에 전원이 차단되었다. 열차가 움직이지 못하는 상황에서 사고 열차로부터 맞은편에서 진입한 열차로 불이 옮겨붙었다. 기관사는 급히 수동으로 문을 열고 승객을 대피시켰으나 일부 객차에서는 문이 열리지 않았다. 객차 안에서도 비상으로 문을 열 수 있는 장치가 있었으나 장치가 의자 밑에 있어서 찾기가 쉽지 않았고 사용 방법도 제대로 홍보되지 않아 내부에서 문을 열지 못했다. 결국, 사고 직후 맞은편에서 진입한 열차에 탑승했던 승객 142명이 질식사를 당하고 말았다.

—출처: 한국재난뉴스, 김창민 교수 · 김규찬 기자, 2022년 9월 5일

2014년 4월 16일은 온 국민의 마음을 아프게 하고 우리 사회에 큰 갈등을 일으킨 세월호 침몰 사고가 일어난 날이다. 전날 밤 인천항을 출발한 세월호는 당일 오전 8시 49분경 진도군 동거차도 인근에서 침몰했다. 당시 세월호에는 476명이 탑승하고 있었으며, 이 중 제주도로 수학여행을 가던 안산시의 단원고 학생 325명과 교사 14명도 탑승하고 있었다. 이 사고로 탑승자 중 실종자 포함 304명이 사망했으며 단원고 학생 248명과 교사 10명도 희생되었다.

　　사고가 일어난 세월호는 1994년 나가사키에서 건조된 카페리호로서 18년간 '나미노우에'라는 이름으로 가고시마에서 오키나와를 왕복하던 배였다. 이 배를 청해진해운이 2012년에 인수해 개수 작업을 한 후 2013년 3월부터 인천-제주 항로에 투입했고 청해진해운은 이 배를 인수한 후 5층의 선미 부분을 증축해 선실을 확장했으며 이 과정에서 배의 무게가 239톤이나 증가했다. 자동차를 비롯한 화물 적재적량은 987톤이었지만 세월호는 늘 과적을 했으며, 사고 당시에는 무려 2,215톤이 적재되었다. 또한 안전운항을 위해 평형수도 1,703톤 이상 실어야 했지만 사고 당일에는 적재한도 초과 때문에 평형수를 761.2톤만 실었다.

　　사고 당일 오전 8시 48분경 동거차도 인근을 항해하던 세월호는 갑자기 급변침을 하면서 기울어지기 시작했다. 이 일대는 맹골수도로서 조류가 급하기로 유명한 곳이었다. 기울어진 배는 J턴을 하면서 옆으로 넘어졌고 70여 분을 표류하다가 뒤집힌 채로 뱃머리만 남긴 채 침몰했다. 신속한 생존자 구조가 시도되지 않자 대통령에 대한 반감과 비난이 급등했고, 이는 결국 촛불시위로 이어져 대통령이 탄핵되는 한 가지 원인이 되기도 했다.

—출처: 한국재난뉴스, 김창민 교수 · 김규찬 기자, 2022년 9월 19일

1 정수의 구출에 대해서 기자는 "아깝다, 하루만 더 있으면 기록 깨는 거잖아. 삼풍 때가 17일이었는데…"라고 말하며 생명의 존엄성보다는 기록 경신이라는 화제성 있는 기삿거리를 우선했습니다. 기자 정신에 대해서 비판해 봅시다.

....

....

....

....

2 정수의 아내 세현에게 계란을 던진 노모의 행동은 부모로서 어쩔 수 없는 당연한 모습일까요? 여러분 같으면 어떻게 행동했을까요?

....

....

....

....

3 하도터널 공사의 붕괴로 손실액이 무척 큽니다. 정수를 구하기 위해 공사가 중단되었기에 손실액은 더 커집니다. 여러분이 정책을 입안하고 집행하는 행정가라면 어떤 방안과 대책을 내놓았을까요?

....

....

....

....

4 대구지하철 참사와 세월호 참사의 원인과 그로 인해 우리가 성찰하고 바로잡아야 할 자세는 무엇일까요?

....

....

....

....

5 자연재해와 인재는 엄연히 다릅니다. 그 차이에 대해서 이야기해 봅시다.

....

....

....

....

영화 〈목격자〉

신고해도 괜찮아!

목격자

영화 〈목격자〉는 미국에서 일어난 실제 사건을 각색해 만들었다.

1964년 미국 뉴욕에서 28살의 여성 캐서린 제노비스가 일을 마치고 귀가하던 새벽 3시쯤 한 남자에 의해 피살되었다. 이 살인사건은 새벽 3시 15분에서 50분까지 약 35분 동안 일어났다. 그 시각, 위협당해 비명을 지르는 제노비스를 목격한 사람은 총 38명이었으나 아무도 사건 현장으로 달려가 제지하지 않았다. 그들 중 한 명이 경찰에 신고했으나, 제노비스는 이미 숨을 거두었다.[1]

이 영화의 배경은 과천의 한 아파트이다. 젊은 여자가 한 괴한에게 쫓겨 아파트 화단에서 폭행을 당한다. 시간은 새벽 2시부터 4시까지였다. 여자는 비명을 질렀으나 아무도 참견하지 않았고, 신고하지도 않았다. 여자는 사망했고, 결정적 사인은 새벽 4시에 사건 현장으로 돌아온 괴한이 다시 둔기로 내려쳤기 때문이었다. 두 시간의 골든타임을 모두 놓쳤다. 목격자 한상훈(이성민 분), 4층에 사는 여자, 여중생과 부모, 지적장애인 콜라 청년도 모두 불을 끄고 눈을 감아버렸다.

어둠 속에서 괴한의 얼굴을 보았던 한상훈은 노트북을 열고 익명범죄신고를 시도했으나 몇 줄 쓰다가 덮어버렸다. 그와 가족들에게 피해가 생길까 봐 신고하지 못했다. 여중생도 목격했던 사실을 경찰에게 말하려 했으나 엄마가 저지한다. 아파트 부녀회장은 경찰과 언론에 협조하지 말라고 입주민들에게 반대서명동의서를 돌린다. 아파트 주민들은 살인사건이 알려지면 아파트값이 떨어질까 봐 너도나도 쉬쉬한다. 모두가 방관자가 된다. 착한 사마리아인은 어디에도 없었다.[2]

---

1) 위키백과, 키티 제노비스 사건
2) 착한 사마리아인법은 자신에게 특별한 부담이나 피해가 오지 않는데도 불구하고 다른 사람의 생명이나 신체에 중대한 위험이 발생하고 있음을 보고도 구조에 나서지 않는 경우에 처벌하는 법을 이르는 말이다. 도덕적인 의무를 법으로 규정해 강제하는 것을 말한다. [네이버 지식백과] 착한 사마리아인법

한상훈은 자신을 탐문하는 경찰에게 거짓으로 증언한다. 술에 취해서 본 게 없다고, 아내는 불을 켰다가 껐다고 했으나 그는 불을 끈 적도 없다고 했다. 피살자의 전 남자친구 박씨가 살해 용의자로 몰린 보도가 나오자 4층 여인은 한상훈에게 함께 신고하러 가자고 한다. 박씨가 살해자가 아니라 실제 범인은 따로 있음을 밝히자고 했으나 한상훈은 거부했다. 경찰서로 가려던 그 여인은 결국 괴한에게 보복살인을 당한다. 더 이상 물러설 곳이 없음을 깨닫고 한상훈은 경찰에 신고한다. 가족에게까지 위협을 가하는 괴한에 분노해 한상훈은 직접 괴한을 찾아내어 결투를 벌인다.

내가 한상훈이었다면, 내가 여중생의 엄마였다면, 내가 4층 여인이었다면, 내가 목격자였다면 진실을 말하고 괴한이 빨리 잡히도록 협조했을까? 어둡고 후미진 곳에서 폭력 사건이 일어날 때 그 앞을 내가 지나가거나 혹은 내 가족이 지나간다면 어떻게 할 것인가? 학교나 직장에서 비리를 목격했을 때 어떻게 할 것인가? 대부분이 적극적으로 사건에 개입하기를 꺼릴 것이다. 후폭풍이 두렵기 때문이다. 그나마 도덕적 의무를 하기 위해 가해자가 보지 않는 곳에서 몰래 신고할 것 같다. 그러나 경찰에서 신고자의 재진술을 요구하거나 재판에서 증언까지 해 달라는 부탁까지 받을 경우엔 마음이 바뀔지도 모른다. 도덕적 의무를 실행했던 최초의 신고 당시를 후회하고 원망할지도 모른다. 사회 비리를 드러낸 이는 내부고발자로 낙인찍혀서 왕따가 되거나 해고를 당할지도 모른다. 그래서 다시는 목격자로서 의무를 하지 않겠노라 각오를 다질지도 모른다. 양심은 오히려 피해를 준다며, 방관자로 끝까지 살아남겠다고 말이다. 착한 사마리아인은 나에게 어울리지 않는다며 자책할지도 모른다.

2018년 S여고 시험지 유출 사건으로 온 나라가 떠들썩했다. S여고 학부모들은 목격자와 피해자의 신분을 자처하며 이슈화했다. 그래서 청와대 국민청원게시판에 글을 올리고 언론에 제보했다. 뉴스를 접한 대한민국의 학부모들도 공분했고, 경찰의 조사 결과에 촉각을 세웠다. 대부분의 학부모들이 직접적인 목격자보다 더 적극적으로 사건에 개입하거나 감정을 이입해 개탄했다.

만약 집단 따돌림이나 집단 폭력 등으로 한 아이가 피해를 입었다면, 가해 집단이 소위 있는 집안의 자녀들이라면 적극적으로 개입해 피해자를 도울 수 있었을까? 모두가 목격자가 되거나 피해자인 것처럼 정의를 위해서 진실이 밝혀지도록 노력했을까? 당연히 "그렇다." 이런 결과가 나왔으면 좋겠다.

'이태원 핼러윈 참사'를 계기로 위급한 상황에서 타인 구조 활동을 하다가 수반되는 위험 부담을 대폭 경감해 주는 '착한 사마리아인법'의 필요성이 대두하고 있다. 선의를 갖고 구조 활동에 나섰음에도 '나중에 문제가 될까 봐' 선뜻 구조 활동에 나서지 못하는 이들의 경제적, 법적 부담을 면책해 주자는 것이다.

10일 SNS와 목격자 진술 등에 따르면, 지난달 29일 참사 당시 이태원에서 경찰관, 소방관의 다급한 도움 요청에도 일부 시민이 구조에 나서기를 주저하는 모습이 확인된다. 이태원 사고 당일 오후 11시까지 인근에 있었던 시민 A 씨는 "나라도 괜히 나섰다가 무슨 문제가 생길까 봐 무서워 구조 활동을 못 했을 것"이라고 말했다. 동시에 '청재킷 의인' '이태원 의인 경찰' 등 적극적으로 구조에 나섰던 사람들이 주목받으면서, 이들이 향후 법적 책임을 지거나 개인적 손실을 보지 않도록 법을 마련해야 한다는 목소리가 나온다.

대표적인 관련 법은 '착한 사마리아인법'이다. 엄밀히 구분하면 '사마리아인법'은 위험에 처한 사람을 구조하는 과정에서 자신이 위험에 빠지지 않는 상황임에도 '구조 불이행'(Failure-to-Rescue)을 저지른 사람을 '처벌'하는 법이다. 반면 '착한 사마리아인법'은 긴급 의료 활동 과정에서 문제가 발생했을 때 면책할 수 있도록 하는 것이다.

—출처: 문화일보, 송유근 기자, 2022년 11월 10일

'범LG가' 종합식품기업이자 위탁급식업체인 아워홈이 유통기한이 지난 식재료를 사용한 사실 등이 적발돼 '영업정지' 행정처분을 받았고, 이러한 사실을 공익제보한 직원 A에 대한 직장 내 괴롭힘으로도 시정지시를 받은 것으로 확인됐다. 그런데도 이 직원을 공갈미수죄로 고소까지 하면서 '보복' 논란이 일고 있다.

A씨가 본사 윤리경영팀과 파주시에 아워홈 점포의 식품위생법 위반 사실을 잇달아 제보하자 업무에서 배제되는 등 직장 내 괴롭힘을 받았다는 것이다.

아워홈의 한 관계자는 "직장 내 괴롭힘은 A씨의 일방적인 주장"이라고 지적한 뒤 "현장에 나가 조사하고, 같이 일한 동료들 얘기를 다 들어봤는데 (A씨와 회사 사이에) 입장 차이가 있었다"라며 "A씨의 몇 가지 요구가 있었는데 금전적 요구도 있었던 것 같다"라고 주장했다. 다만 '금전적 이득을 노리고 직장 내 괴롭힘을 주장했다고 생각하나?'라는 질문에는 "그렇게 단정적으로 보는 것은 아니다"라고 답변했다. 그러면서 "회사 측의 조사 결과와 상반되는 주장들을 계속하고 있는데 이것들이 기업 이미지나 영업에 지장을 주고 있어서 그것에 대응하는 차원에서 고소한 것이다"라고 설명했다.

A씨는 직장 내 괴롭힘과 공익제보 후유증으로 중등도 우울에피소드와 공황장애(우발적 발작성 불안)를 진단받았다(3월). 담당의사는 "과거 직장 근무 시 스트레스로 인해 우울감, 불안감, 수면장애, 공황발작, 초조, 자살 충동 및 자살사고 증상 등이 심화되어 일상생활에 현저한 저하 및 어려움 지속"된다며 "향후 부정기간의 집중 치료 및 추적관찰, 안정 가료가 필요"하다고 진단했다.

—출처: 오마이뉴스, 구영식 기자, 2023년 9월 26일

1 한상훈이 처음에 곧바로 신고했다면 결과는 어떻게 달라졌을까요?

....

....

....

....

2 내가 영화 속의 아파트 목격자였다면 곧바로 신고했을까요? 만약 신고
를 두려워했다면 무슨 까닭이었을까요?

....

....

....

....

3 우리 사회 내부고발자들이 피해를 보는 사례들이 있습니다. 앞의 글에서 내부고발 내용을 요약해 보고 이후 어떻게 달라졌는지 정리해 봅시다.

....

....

....

....

4 이태원 참사의 경우 착한 사마리아인이 있었습니다. 그들은 어떻게 구호 활동을 펼쳤나요? 그들의 구호로 인해 우리 사회의 모습이 달라질 수 있을까요?

....

....

....

....

5 여러분이나 지인들 중에서 학교나 사회에 대해 내부고발을 했던 경험이
나 사례를 들어봅시다.

....

....

....

....

영화 〈내가 죽기 전에 가장 듣고 싶은 말〉

웰다잉, 웰빙하려면

가야 할 때가 언제인가를
분명히 알고 가는 이의
뒷모습은 얼마나 아름다운가

—이형기의 〈낙화〉 시 중에서

가야 할 때는 이 세상과 이별할 때, 사랑하는 가족을 남기고 떠날 때이다.

81세의 할머니 해리엇 롤러는 죽기 전에 듣고 싶은 말이 있었다. 그래서 사망 기사를 전문적으로 쓰는 앤 셔먼을 찾아간다. 앤의 손을 거치면 별로였던 사람들의 삶도 모두 가치롭고 명예로운 것이 되었다.

앤은 해리엇에게서 받은 수백 명의 명단 목록대로 해리엇의 주변 인물들을 찾아 나선다. 해리엇 사망 기사에 실릴 주변인들의 평을 수집하기 위해서였다.

"그 여자 때문에 심리 치료 받고 있어요"

"그 여자가 죽으면 좋겠어요"

해리엇을 담당했던 산부인과 의사, 미용사, 심지어 목회자까지도 그녀에 대한 악평만을 쏟아내었다.

"Never!" 좋은 얘기 한마디만 해 달랬지만 결국 "하나도 없다"였다

앤이 그녀를 위해서 쓸 수 있는 사망기사는 "해리엇은 미국의 성공적인 광고 기획사 대표였으며, 천재적인 광고기획자였다." 이것이 전부였다.

해리엇은 "내 인생 아직 안 끝났어"를 공포하며 앤에게 자신의 업적 다듬기를 도와 달라 한다. 다음 날 복지관을 찾아 위험에 처한 아이들을 위해서 연설을 하고, 의도적으로 삶에 영향을 끼칠 만한 아이를 물색한다. 선생님 앞에서 버럭버럭 소리를 질러대는 9살 흑인 소녀 '브렌다'를 발견한다. 해리엇은 브렌다의 멘토가 되기를 자청한다. 한 걸음 더 나아가 해리엇은 인디 애호가들을 위한 라디오 음악 방송국의 DJ가 된다.

해리엇은 자신만이 옳고 합리적이라 여겼다. 그래서 다른 이에게 틀렸다, 잘못되었다 지적했다. 그녀의 정원사에게, 미용사에게, 요리사에게, 그리고 남편에게, 또 딸에게까지. 그녀는 결혼을 하고도 남편의 성을 따르지 않았으며, 남편을 얼간이라고 여겼기에 22년간 부부로 살다가 헤어졌다. 딸의 약혼파티에서 약혼자가 못났다며 악평을 해대었다. 그래서 딸은 엄마 곁을 떠났다. 그렇게 헤어진 지 10여 년 만에 모녀는 만났다.

딸은 내로라하는 최고의 뇌신경 전문의가 되었고, 두 아이의 엄마였고, 지금은 행복하다 했다. 딸의 행복한 모습에 해리엇은 폭소를 터뜨린다. 자신이 틀린 것을 깨달을 때 그녀는 아주 크게 웃는 습관이 있었다. 자신이 나쁜 엄마였다고 생각했기에 해리엇은 그동안 악몽에 시달렸다. 자신이 나쁜 엄마였기에 딸이 불행할 거라 예상했다. 해리엇은 자신만만하게 앤과 브렌다에게 "난 좋은 엄마였어. 이게 바로 나야"라고 외친다. 이토록 자기중심적이고 자기긍정적인 해석은 해리엇의 가장 큰 재능이기도 하지만, 사람들이 가장 싫어하는 이면이기도 하다.

해리엇과 앤, 브렌다는 모두 결손 가정을 지녔다. 앤이 어릴 때 앤의 엄마는 자신의 꿈을 위해서 가정을 떠났다. 브렌다는 아빠의 얼굴을 본 적이 없다 했다. 해리엇은 싱글맘이었다가 독거노인이 되었으니. 온전치 못한 가정사를 지닌 세 여자는 호수에서 함께 물놀이를 했고 함께 춤을 추었고 한 침대에서 잠을 잤다. 할머니로 엄마로 딸로 손녀로 서로를 알아가며 이해했고 존중했다.

해리엇은 심부전증으로 세상을 떠난다. 앤과 브렌다가 춤추는 모습을 지켜보면서 잠자듯이 그렇게 세상을 떠났다.

'평생 로큰롤을 사랑하고 81세에 DJ가 된 해리엇 롤러가 목요일 저녁에 별세하다'

해리엇은 장례식에 쓰이는 꽃, 음악, 성경 문구, 좌석 배치까지 모두 지침을 남겨두었다. 장례식까지 자신의 방식대로 통제하면서 떠났다. 자신의 집을 지역 사회에 기증하고, 신문사에 기부금을 전하고, 음악방송국에는 레코드 컬렉션을 전했다.

해리엇은 죽기 전에 '듣고 싶은 말'이 아니라 '가장 하고 싶은 말'을 남기고 싶어 했던 것 같다. 말썽쟁이 브렌다와 언제나 주저하고 망설이는 앤에게 용기를 주고 활력을 주었다. 해리엇은 수필가가 되고 싶어 하는 앤에게 "현실을 쓰면 좋겠다. 앞으로 크게 실패하라. 실패해야 사는 거다" 했다. 앤은 기자 일을 그만두고 해리엇이 선물한 항공권으로 스페인에 오른다. 브렌다에게는 램프와 함께 "네가 이끌어라 그들이 따라올 것이다" 라는 글을 남겼다.

해리엇은 마지막 이후에도 남은 이들에게 영향력을 끼치고 싶어 했다. 그녀는 임종을 합리적으로 준비했기에 앤은 감동적인 추모사를 쓸 수 있었다. 합리적인 정신의 소유자 해리엇에게 죽음은 끝이 아니라 시작이고 소망이었다.

한 집안의 가장이 임종을 준비하지 못하고, 유언 한 마디 없이 떠났을 때 유가족이 겪는 혼란과 분쟁을 종종 목격한다. 슬픔을 처리할 겨를도 없이 유산 문제 등으로 시끄러운 일이 많다. 고인을 원망하고, 남은 자들끼리 증오하면서 지낸다. 이러한 불상사를 막기 위해서라도 아직 창창한 나이에 유언을 준비해 보면 어떨까? 해리엇처럼 가장 하고 싶은 말을 가족과 친구와 이웃에게 들려주면 어떨까? 그리하면 가는 이의 뒷모습이 추하지는 않을 것 같다.

여러분은 죽기 전에 가장 하고 싶은 말은 무엇인가?

가장 듣고 싶은 말은 무엇인가?

웰다잉(Well-Dying)이란 품위 있고 존엄하게 생을 마감하는 것을 뜻하는 말로, 웰엔딩(Well-Ending)이라고도 한다. 정신적·육체적 조화를 통해 삶의 질을 높이는 것을 뜻하는 웰빙(Well-Being)의 상대적 개념으로 2000년대 중반에 등장했으며, 일반적으로는 웰다잉을 웰빙의 범주에 포함시키기도 한다. 특히 노년기에는 죽음의 질이 확보된 상태인 웰다잉이 웰빙의 주요 구성요소가 된다.

한국 사회에서 웰다잉 관련 논의는 2009년 대법원이 무의미한 연명치료 장치제거 등을 인정하는 판결을 내리면서부터 본격화되었다. 이후 2016년 〈호스피스·완화의료 및 임종단계에 있는 환자의 연명의료결정에 관한 법률〉(약칭 연명의료결정법, 일명 존엄사법)이 제정되었고, 2018년 시행되었다. 이에 따라 회생 가능성이 없는 사망 임박 임종 과정 환자들이 자신의 결정에 따라 존엄하게 삶을 마무리할 수 있는 기반, 즉 죽음의 자기 결정권을 존중하는 법적 근거가 갖추어졌다.

최근 노인인구 증가 및 평균수명이 늘어남에 따라 죽음의 질을 어떻게 확보할지에 관심이 높아지며 국내외에서 일종의 트렌드이자 문화로 받아들여지고 있다. 인지적 측면에서 웰다잉은 죽음을 삶의 일부이자 자연스러운 과정으로 인식하고 현재의 삶에서 의미를 찾는 것을 말한다. 한편 행동적 측면에서는 의식이 명료할 때에 죽음 준비를 위해 생애 말기 계획을 세우는 것으로 자신이 희망하는 임종 방식을 결정하는 것을 가리키는데, 구체적인 죽음 준비 행동에는 사전연명의료의향서 작성, 장례 형태 및 장례식, 사후의 제사, 장기기증 등의 결정과 유언장 작성 등이 포함된다. 또한 웰다잉의 실현을 위해서는 가족과 생애 말기 계획 및 죽음에 대한 가치관을 공유하는 것이 필요하며, 특히 가족주의가 강한 한국 사회에서는 더욱 중요하게 여겨진다.

—출처: [네이버 지식백과] 웰다잉 [Well-Dying] (두산백과 두피디아)

기부천사 김우수 씨의 사망 소식이 알려지면서 추모 행렬이 이어지고 있다. 지난 23일 김우수 씨는 서울 강남구의 한 교차로에서 배달 오토바이를 타고 유턴을 하다 맞은편에서 오던 승용차와 충돌했다. 사고 직후 병원으로 옮겨졌지만 25일 오후 11시경 끝내 숨을 거둔 것으로 알려졌다.

그는 중국집 배달원으로 일을 하면서 한 달에 70만 원의 월급에도 불구하고 지난 2006년부터 매달 5~10만 원씩 쪼개 형편이 어려운 어린이들을 후원해 온 것으로 알려졌다. 정작 자신은 고시원에서 혼자 살아온 것으로 알려져 보는 이들의 마음을 더욱 뭉클하게 하고 있다.

이 소식을 접한 누리꾼들은 "하늘나라에서 꼭 행복하실 거다", "세상에 저런 분이 계시다니 그 사실만으로도 감사하다"는 등의 반응을 보이며 고인을 추모하고 있다.

한편 유족이 없는 김 씨는 빈소를 차리지 못해 어린이 재단이 장례를 치르기로 했으며, 한 장례 업체가 장례비용을 지원하겠다고 나선 것으로 알려졌다.

—출처: MBN뉴스, 이주연 기자, 2011년 9월 28일

1 기자 앤과 9세 흑인 소녀 브렌다를 만나기 전의 해리엇은 어떤 사람이었으며 어떤 엄마였나요?

....

....

....

....

2 해리엇에 대한 추모사는 바뀌었습니다. 추모사를 작성한 앤은 해리엇의 어떤 면을 중점적으로 보았으며 추모사가 바뀐 이유에 대해 생각해 봅시다.

....

....

....

....

3 해리엇과 앤, 브렌다는 모두 결손 가정을 지녔다고 했습니다. 결손 가정의 뜻은 무엇이며 이런 결손 가정의 구성원들은 외롭고 불행할 수밖에 없다고 생각하나요?

....

....

....

....

4 기부천사였던 김우수 님과 해리엇의 삶과 죽음에는 어떤 차이가 있을까요?

....

....

....

....

5 해리엇은 웰다잉을 했다고 생각하는지요? 우리 주변에 웰다잉을 실천한 사람이 있었는지 말해 봅시다.

....

....

....

....

제3장

10대와 MZ세대에게 바란다

영화 <4등> – 그만 욕심내자 제발!

영화 <배드 지니어스> – 거짓을 끊는 경계, 고백

영화 <인사이드 아웃> – 소중한 마음들이 안녕하기를

영화 <리틀 포레스트> – 청춘, 친구와 함께 가자

영화 〈4등〉
그만 욕심내자 제발!

트라이애슬론 최숙현 선수는 훈련 생활 중에 일어난 폭력과 가혹 행위에 저항하고 이겨내 보려 했으나 결국 극단적 선택을 하고 말았다. (2020년 6월) 최숙현 선수가 공공기관과 책임 단체에 여러 차례 신고를 했으나 가해자에 대한 조사나 처벌은 제대로 이루어지지 않았다.

쇼트트랙 국가대표 심석희 선수를 폭행한 조재범 전 코치를 엄벌해달라는 국민청원에 청와대는 "체육 단체의 자정 기능을 기대하기는 어려운 상황이다. 성적 지상주의, 엘리트 체육 육성방식, 폐쇄적이고 수직적인 조직문화 등이 체육계의 고질적 병폐가 반복되는 원인"임을 밝혔다. (2019년 2월 13일 한국일보)

심 선수가 소치올림픽과 평창올림픽에서 금메달을 따는 순간의 환희와 기쁨을 우리에게 주었지만, 충격도 주었다. 그 숱한 폭행을 참으며 운동을 해왔던 그 환난의 시간들, 불안과 공포의 훈련 과정을 딛고 얼음 트랙을 돌아야 했던 한 소녀의 상처들, 최 선수도 마찬가지다. 그 선수들의 상처 때문에 우리도 울었다. 특히 자식을 둔 부모의 입장에서 더구나 딸을 가진 엄마로서는 더더욱 괴로웠고 아팠다. 심 선수와 최 선수가 1등을 향해 꿈을 키우고 훈련받아 온 과정은 영화 〈4등〉에 등장하는 준호가 겪은 모습과 유사했을 것 같다. 감독이 선수를 학대한 것처럼 준호의 수영 코치도 어린 제자에게 욕을 하고 때렸다.

초등학생 준호는 수영대회에서 매번 4등을 한다. 준호 엄마는 수영으로 좋은 대학에 보내는 것이 인생의 목표이자 희망이다. 아들의 수영대회 1등을 위해서라면 교회에 가고 불당에도 간다. 준호 엄마는 전 국가대표였던 김광수 코치를 소개받는다. 코치 때문에 준호가 상처를 받을지도 모른다는 우려에도 그녀는 메달로 상처를 가릴 수 있다고 장담한다.

"어머님, 전적으로 저를 믿으셔야 합니다. 모든 걸 감당할 수 있겠습니까?"

인기 드라마에서 나온 대사처럼 1등만 한다면 아들이 코치에게 얻어

맞아도, 피멍이 든 아들의 허리와 등짝을 보고도, 준호 엄마는 모든 것을 감수하려 한다.

"준호가 맞는 것보다 4등 하는 게 더 무서워."

엄마는 아들이 1등만 한다면 몸에 든 상처쯤은 감당할 수 있었다. 서울대 의대 합격이라면 수십억을 들여서라도 모든 것을 감수하겠다던 상류층 엄마도, 좋은 대학에 보내기 위해서라면 아들이 입은 폭력에도 눈감는 중산층 준호 엄마도 성적 지상주의에 빠져 있었다.

영화 〈4등〉이 나온 시기가 2016년이다. 지금도 영화 속의 현실과 달라진 점은 별로 없다. 드라마에 나온 코디 선생, 영화의 수영 코치, 또 현실에서의 코치나 감독 모두가 목표를 위해서라면 부정을 일삼았고, 폭력은 과정일 뿐이었다. 우리도 결백하지 못하다. 피해자가 쌓아 올린 영예만 보았을 뿐, 가해자들의 행위를 방관하거나 은닉했으니까.

아이가 거짓된 언행을 일삼았을 때, 누군가를 고의로 협박하고 위협했을 때, 아이의 행실이 불량할 때 훈계해야 한다. 시험 문제를 틀렸다고, 수영 기록이 나아지지 않았다고, 집중하지 않았다고 매를 들어서는 안 된다. 성적 때문에 아이를 때린다면 아이의 영혼은 내상을 입고 결국 파괴될지 모른다.

수영 코치는 준호를 때리고 나면 먹을 것을 사주거나 마사지를 해주며 준호를 타이른다.

"하기 싫고 도망가고 싶을 때 잡아주고 때려주는 선생이 진짜다. 옛날에 시합 끝나고 나면 선배들은 매 맞고 기합받을 때 나는 사무실에서 떡볶이 순대를 먹고 있었다. 그때 나도 때려주고 기록 더 내라고 강압했더라면 성공했을 텐데…"

폭력 이후에 위로하는 일종의 그루밍(다듬다, 길들이다)을 하는 수영 코치에게 준호도 길들여진다. 형의 물안경을 건드린 동생(기호)을 준호가 때린다. 수영 코치가 했던 말투 그대로 준호는 동생에게 "몇 대 맞을래?" 한다. 이렇게 그루밍 폭력은 대물림된다.

수영 코치가 옛 시절 은메달을 받고 떡볶이를 먹을 때, 기록을 못 낸 선배들도 기합이나 체벌을 받지 않고 함께 먹으며 함께 격려받았더라면, 달라지지 않았을까? 기록을 잘 내든 못 내든 맛있는 음식을 먹으며 다음 대회를 기다리는 마음이 조금은 설레지 않았을까? 욕심을 품은, 독하디독한 눈을 가지라는 폭언과 폭행 대신에 수영 코치가 느껴보았던 그 설렘을 준호에게 전해주지 않았을까? 매 맞는 선배들을 보지 않았더라면 수영 코치는 초등학생에 불과한 준호에게 매를 들지 않았을 것이다. 잘하는 놈 더 잘하게 하려면 어쩔 수 없이 매를 드는 게 아니라 함께해서 좋았고 함께해서 편안했다, 시너지 효과로 인해 기록이 더 잘 나왔다며 고백하지 않았을까?

2024 카타르 아시안컵 4강을 앞두고 국가대표 선후배 간의 불화와 갈등이 있었다. 만약 4강에서 이기고 결승까지 가서 우승했더라면 그 사건이 그냥 묻혔을지도 모른다. 우리 사회는 성적지향주의에 결과만 좋다면 그 과정이야 덮어두는 분위기니까. 밤을 새워 응원하며 기대한 국민들은 경기 결과뿐만 아니라 유효슈팅 하나 제대로 내지 못하는 선수들을 지켜보면서 많은 비판을 쏟아냈다. 결국 한 선수가 사과를 하고 선배들이 용서를 하며 사건은 봉합되었지만, 훈련 과정 자체를 즐기고 화합하며 서로를 챙기는 조직이 된다면 결과 또한 달라지리라 믿는다.

준호는 마침내 수영대회에서 1등을 해낸다. 엄마의 극성스러운 응원과 지원 없이도 준호 혼자 버스를 타고 대회에 가서 이뤄낸 결실이다. 영화의 마지막 장면에서 준호가 락커룸으로 들어가기 전 청소도구들이 클로즈업된다. 그 도구들은 폭력의 도구였었다. 이제 준호가 하기에 달렸다. 폭력을 청산할 청소도구이거나 새 기록을 만들기 위해 악용되는 채찍이 되거나.

빛을 따라 자유롭게 헤엄치던 준호는 다시 4등을 하더라도 여유롭고 배가 부를 것이다. 그러나 1등을 해본 기분을 고집하며 앞으로만 나아가는 준호가 된다면 언제든지 허기지고 불안할지 모른다. 연습하고 또 연습해도 기록이 나오지 않으면 실망하다가 수단 방법을 가리지 않고 길을 찾을지 모른다. 그 길이 어둠의 골짜기인 줄도 모르고 나아가기만 할 테니까.

우리의 갈망과 포만도는 어떠한가?

다음 올림픽에서 우리 쇼트트랙 선수들이 노메달로 돌아온다 해도 잘했다고 격려할 수 있을까? 이제 안 맞고 하니 정신을 못 차린다고, 폭력을 되레 부추기는 사람은 없을까? 1등을 예찬하는 태도와 SKY대를 숭상하는 마음도 버릴 수 있을까? 성적 지상주의, 엘리트주의, 폐쇄적이고 수직적인 조직문화 등 고질적 병폐를 청산할 수 있을까?

아직도 배가 고픈가?

이제 그만 욕심내고 '배부르다' 만족하고 자족해 보자. 제발!

김포FC 등에 따르면 지난 4월 21일 오후 김포시 통진읍 김포FC 유소년 팀 숙소에서 A군 등 고등학교 1학년 선수 6명이 고교 2학년 선수 B군에게 바지를 내리게 하는 등 성추행을 했습니다. A군 등은 당일 훈련을 마친 뒤 숙소에 돌아와 자유시간 중에 B군을 추행한 것으로 파악됐습니다.

김포FC는 A군 등의 추행 사실을 확인하고 징계위원회를 열었으며 가해 선수 6명 전원을 대상으로 입단 해지 조치를 했습니다. 또 A군 등의 범행에 동조하거나 지켜본 다른 고교 1~2학년 선수 3명에게는 6경기 출전 금지 등 징계를 했습니다. 이번 조치에 따라 김포FC 유소년팀 선수 수는 기존 34명에서 26명으로 줄어들었습니다.

김포FC 관계자는 "성추행 발생 사실을 인지한 뒤 즉각 가해자와 피해자를 분리하는 조치를 했다"며 "프로축구연맹에 사안을 보고했으며 현재 선수들의 훈련실태를 조사하고 있다"고 전했습니다. 김포FC에서는 지난해 4월 10대 유소년팀 선수가 지도자들의 언어폭력과 동료 선수들의 괴롭힘이 있었다는 내용의 유서를 남기고 극단적 선택을 하는 일이 있었습니다.

– 출처: SBS 뉴스, 이강 기자, 2023년 6월 11일

쇼트트랙 국가대표 심석희(22·한국체육대) 선수가 조재범 전 대표팀 코치로부터 상습적으로 성폭행을 당했다고 밝혔다.

심석희 선수는 초등학교 재학 시절 조재범 코치를 처음 만나 스케이트를 신었고, 이후 고향 강릉에서 서울로 조 코치를 따라와 집중적인 지도를 받았다. 하지만 지난해 2018 평창동계올림픽을 앞두고 조재범 코치로부터 무차별적인 폭행을 당한 뒤 선수촌을 이탈했고, 이런 사실이 나중에 알려지면서 조재범 코치는 지난해 9월 상습 폭행 혐의로 징역 10월을 선고받고 법정 구속됐다.

심석희는 "초등학교 1학년 때부터 상습적으로 폭언과 폭행을 겪었고, 아이스하키 채로 맞아 손가락뼈가 부러졌다. 중학생이 되면서부터 강도가 심해졌고, 긴 기간 폭행이 일상적이었다"고 말했다. 또 "평창동계올림픽을

20일 남겨두고 맞을 때는 '이러다 죽을 수 있겠다'는 생각이 들 정도로 주먹과 발로 맞았다. 뇌진탕 증세가 있었고, 올림픽 경기에서도 도중에 쓰러졌다"고 말했다.

심석희는 한국 쇼트트랙의 장거리 간판선수다. 2014 소치올림픽 때 금메달을 목에 거는 등 기대주로 주목받았고, 지난해 평창올림픽 때도 3000m 계주 금메달을 목에 걸었다. 하지만 주 종목인 평창올림픽 1500m 예선에서 넘어져 탈락하는 등 정상적인 컨디션을 발휘하지 못했다. 조재범 코치가 특정 선수를 밀어주기 위해 의도적으로 자신의 성적을 떨어뜨리려 했다는 의혹도 제기했다.

한 빙상계 관계자는 "어려서부터 선수를 가르치면서 지도자와 제자의 관계가 마치 주인과 수족처럼 바뀌는 경우가 있다. 윤리적으로 있을 수 없는 일이 벌어졌다"고 충격을 드러냈다.

-출처: 한겨레신문, 김창금 기자, 2019년 1월 9일

1 심석희 선수가 당한 폭력과 준호가 당한 폭력은 어떤 점에서 유사하고 다를까요?

....

....

....

....

2 수영 코치는 자신이 강압적으로 훈련을 받았더라면 더 성공했을 거라고 합니다. 강압적인 훈련이 우수한 성적과 우수한 기록을 내는 데 필요할 까요?

....

....

....

....

3 수영대회에서 준호는 자신의 노력으로 1등을 합니다. 코치의 강압적인 훈련 없이 이런 성과를 내었는데 여러분도 사교육의 도움이나 부모님의 간섭없이 성취감을 맛본 경험이 있나요?

....

....

....

....

4 아직도 스포츠계에는 폭력과 성범죄가 난무할까요? 가르치는 코치의 인성이 문제일까요?

....

....

....

....

5 스포츠계 폭력과 불법을 뿌리 뽑을 대안은 무엇일까요?

....

....

....

....

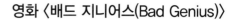

영화 〈배드 지니어스(Bad Genius)〉

거짓을 끊는 경계, 고백

태국 고교생의 시험 컨닝에 대한 이야기이다. 교내 시험에서부터 국제 대학표준시험 STIC(영화에서는 SAT를 STIC라 칭했다)까지의 대대적인 컨닝 사건을 보여준다. 이 컨닝의 주역은 전교 1등의 천재 소녀 '린'이다. 린은 아빠가 근무하던 학교에서 전학을 왔다. 수업료 12만 바트(약 4백만 원)와 점심 비용까지 학교에서 무료로 제공받는 조건이었다.

어느 날, 린은 아빠의 책상을 정리하다가 입학금 20만 바트가 찍힌 영수증을 발견한다. 거기다 부모님의 이혼확인서까지 보았다. 전액 장학생이 입학금을 내야 하고, 성적이 나쁜 그레이스는 남들보다 더 많은 학비를 내며, 팟은 학교에 아이맥 20대를 기증했다.

린의 시험 부정은 학교와 아빠에 대한 배신감으로부터 시작되었는지 모른다. 남들도 다 하는데 나도 좀 하면 어때? 학교도 그렇게 돈을 버는데 나도 답안 좀 보여 주고 돈을 받으면 어때? 안 걸리면 된다. 이런 마음으로 컨닝을 시작한 것 같다. 과목당 3000바트(한화 10만 원)를 주겠다는 팟의 제안으로 린은 컨닝을 주도한다. 컨닝에 가담하는 학생의 규모는 점점 커진다.

린은 2학년이 되었고, 컨닝은 계속되었다. 전교 2등생 뱅크는 린을 고발한다. 린은 장학생 명단에서 제외된다. 뱅크는 세탁소를 운영하는 어머니를 도와 힘들지만 성실하게 살아왔다. 대학 전체 등록금이 걸린 싱가폴 장학생 선발 전날에 뱅크는 불량배들에게 폭행을 당한다. 그래서 시험을 치르지 못해 장학금은 날아가 버렸다. 이는 팟이 뱅크를 STIC 시험에 끌어들이기 위한 음모였다.

전교 1등 린과 전교 2등 뱅크는 시드니에 가서 STIC 시험을 치르며 답안을 태국으로 전송한다. 휴대폰 반입이 안 되는 시험장 법규를 어기고, 그들은 화장실 변기통에 휴대폰을 숨겨두고서 외운 답안을 쉬는 시간에 보낸다. STIC 시험 답안을 전송받은 그레이스와 팟은 인쇄소에서 답안 코드를 연필에 새긴다. 시드니와 방콕에서의 시험은 4시간 격차가 있다. 인쇄소 바깥에는 퀵배송 오토바이와 수험생들이 기다리고 있다. 정답이 새

겨진 연필과 에세이 답안을 받은 수험생들은 시험장으로 갈 것이다. 그러나 뱅크는 시험 감독관에 걸려서 퇴학 처분이 내려지고, 평생 STIC 시험도 볼 수 없게 되었다.

뱅크는 팟으로부터 받은 200만 바트로 세탁소를 리모델링한다. 뱅크는 린에게 태국의 대학입학시험을 설계해 보자고 한다. 1천만 바트(약 3억 3천만 원)를 벌 수 있는 기회임을 강조했으나 린은 단칼에 거절한다. 린은 미국 유학을 포기하고 아빠처럼 교사의 길을 택한다. 뱅크는 린이 거절하면 STIC 시험에서의 모든 부정행위를 고발하겠다고 협박한다. 린뿐만 아니라 그레이스와 팟, 돈을 내고 합격했던 모든 수험생까지 폭로하겠다고 말이다. 린의 결정은 어떠했을까? 린은 거짓을 끊기로 결심한다. 아빠와 함께 STIC위원회로 가서 모든 부정행위를 폭로한다. 아빠는 두려워 말라고 린을 격려한다. 그리고 영화는 끝난다.

초등학교 때부터 대학교에 이르기까지 우리는 무수한 시험을 치른다. 그 시험들 중에서 컨닝을 해본 경험자도 있을 것이다. 린이 돈을 받으며 사업적인 규모에 이른 컨닝 사건에 비하면 학창 시절 손바닥에 암기 내용을 적어서 보던 컨닝은 새 발의 피처럼 아주 소소할지 모른다. 그러나 소소한 컨닝이든 린의 컨닝이나 부정은 부정이다.

거짓을 끊는 경계는 고백이다. 린이 부정행위로 처음 고발되었을 때, 교장 선생님에게 모든 사실을 고백하지 못했다. 아빠에게도 진심을 다해 고백하지 못했고, 자신에게 철저히 물어보지도 못했다. 거짓으로 쌓은 돈은 계속 불어났고, 더욱 대담해졌다. 뱅크 역시 마찬가지이다. 성실하고 솔직했던 그 아이가 부정행위에 가담하고 이후에 더 큰 판을 벌여 일확천금을 노린다. 유학길이 끊기고, 장학금을 받을 기회도 빼앗겨 막다른 진로 앞에서 보이는 것은 돈밖에 없었다.

뱅크와 린의 부정행위가 노출되지 않은 채 그들의 우월한 두뇌를 이용해 유학을 가고, 성공의 길을 계속 갔더라면 어떻게 되었을까? 아마 그들은 태국의 상류층에 합류하게 되었을 것이고, 정계와 재계의 두뇌로 한몫했을 것이다. 부정부패를 저지르거나 적폐를 눈감아주는 지니어스로 살았을지 모른다. 서울대를 나오고 미국 명문대 학위를 받은 인재들이 부정한 권력에 기대어 살았던 한국의 현실처럼 말이다. 그러다 내부고발자나 시민의 힘으로 그들의 적폐는 발각되고, 철창에 갇히는 신세로 내몰려 가장 부끄러운 인생에 직면할지도 모른다.

부끄러움에서 벗어나는 길은 죄를 고백함이요, 거짓을 끊는 경계도 고백이다. 스스로 고백하고 용서받음으로써 악인의 행위를 끊어내야 한다.

유명 입시학원 등 사교육 업체에 문항을 만들어 팔았다고 자진 신고한 교사 중 24명은 대학수학능력시험(수능)이나 수능 모의평가 출제에도 참여한 것으로 드러나 경찰 수사를 받게 됐다. 특히 이들 가운데 4명은 학원에 문제를 판 이력을 숨기고 수능이나 모의평가 출제위원을 맡았던 사실이 드러나 교육부가 이들을 수사기관에 고소하기로 했다.

교육부가 자진신고자 명단과 2017학년도부터 2024학년도 6월까지 한국교육과정평가원이 주관하는 수능·모의평가 출제 참여자 명단을 교차 검증한 결과, 이들 가운데 24명이 수능·모의평가 출제에 참여한 것으로 나타났다. 사교육 업체에 문제를 판매한 사실을 숨기고 수능 또는 모의평가 출제에 참여한 이들은 4명이다. 3명은 수능·모의평가 참여 경험이 모두 있고, 1명은 모의평가에만 참여했다. 한국교육과정평가원(평가원)에서 주관하는 수능·모의평가에 출제위원으로 참여하려면 최근 3년간 상업용 수험서 집필 등에 관여한 적이 없어야 하고 출제위원 후보자 자격 심사 과정에서 이런 요건을 충족하는지 확인하는데, 이 과정에서 문항을 판매한 이력을 숨긴 것이다. 교육부는 이들 4명을 수능 업무방해 혐의로 고소하기로 했다.

22명의 교사(2명 중복)는 수능·모의평가 출제 이후에 사교육 업체에 문항을 판매하고 고액의 대가를 받았다. 교육부는 24명의 교사들 중 문제를 판 대가로 사교육 업체로부터 최대 5억 원가량을 수수한 경우도 있다고 밝혔다. 또 많게는 5~6차례 수능·모의평가 출제에 참여한 교사도 있다고 덧붙였다. 다만, 이들의 출제 경험이 학원 문제 판매 과정에서 구체적인 영향을 미쳤는지와 이들이 학원에 판매한 것과 유사한 문제를 수능·모의평가에 출제했는지 여부는 수사를 통해 밝혀야 한다고 선을 그었다.

—출처: 한겨레신문, 김민제 기자, 2023년 9월 19일

브로커로부터 미국 대입자격시험(SAT) 시험지를 전달받아 학생과 학부모들에게 판매한 혐의로 재판에 넘겨진 영어학원 강사가 항소심에서도 실형을 선고받았다.

서울중앙지법 형사항소8-2부(부장판사 김봉규·김진영·김익환)는 업무방해 혐의로 기소된 A(54) 씨에게 징역 3년을 선고했다고 15일 밝혔다.

A 씨는 지난 2014년부터 2019년 말까지 브로커 및 외국어고 교사 등과 함께 사전 유출된 SAT 시험지를 학생과 학부모에게 판매한 혐의로 재판에 넘겨졌다. A 씨 등은 SAT 시험이 시행되는 각 나라 · 지역별 시차 때문에 유럽 등에서 실시되는 시험의 경우 같은 날 한국에서 실시되는 시험보다 실제로는 평균 8시간 정도 늦게 시작하는 점을 이용한 것으로 알려졌다.

이들은 국내 고사장의 시험 감독관으로 일하는 공범으로부터 시험지 사진 파일을 전달받아 유럽 등 시차가 많이 나는 나라에서 시험을 치는 수험생 등에게 전달한 것으로 조사됐다. 이 과정에서 브로커와 강사는 다른 강사들에게 해당 시험지를 풀어 정답지를 작성하게 한 뒤, 사전에 구매를 원했던 학부모의 자녀에게 시험지와 정답지를 전달한 것으로 파악됐다. A 씨는 영국에 유학 중인 학생에게 답안지를 유출하고 학부모로부터 5000만 원을 받았다.

A 씨와 함께 시험지를 빼돌려 판매한 혐의를 받는 교직원과 브로커 등 각각 징역 3년, 징역 2년 6개월의 실형을 선고받은 것으로 알려졌다.

—출처: 문화일보, 조성진 기자, 2023년 8월 15일

1 린이 시험 부정에 가담하게 된 이유와 계속 대담하게 부정행위를 키운 까닭은 무엇일까요?

....

....

....

....

2 린은 시험 부정행위를 폭로하고 아빠처럼 교사가 되기로 합니다. 린은 교사가 될 자격이 있다고 생각하나요?

....

....

....

....

3 영화에 비친 태국 일부 상류층 학생들은 공부를 안 하고 놀면서 심지어 학생 신분으로 술까지 마십니다. 우리나라에도 재벌 3세들이 몰지각한 행동과 불법을 저질러 왔습니다. 남들보다 높은 위치에서 시작한 금수저들이 선한 영향력을 끼치지 못하고 온갖 부정에 가담할 수밖에 없는 이유를 생각해 봅시다.

....

....

....

....

4 유명입시학원 강사들이 시험 부정을 일으켰습니다. 그들이 쉽게 부정행위에 가담하게 원인과 문제점, 또 입시비리를 근절할 수 있는 대안에 대해 생각해 봅시다.

....

....

....

....

5 시험을 치르며 부정행위를 시도해 본 적이 있나요? 만약 시험 부정을 해서라도 성적을 잘 받고 싶었던 적은 있나요?

....

....

....

....

소중한 마음들이 안녕하기를

마음을 주관하는 것은 심장일까? 머리일까? 영화 〈인사이드 아웃〉에서는 머리 안에 마음들이 산다. 언제나 밝고 긍정적인 분위기를 이끌어가는 기쁨이, 항시 처져 있는 슬픔이, 위험한 상황에서 안전하게 보호해 주는 소심이, 맛없는 음식을 먹거나 나쁜 친구들을 대할 때 지켜 주는 까칠이, 공정하지 못한 상황에 이르면 못 참는 버럭이가 11살 소녀 라일리의 머리에 있다. 그 마음들이 머리 안 본부를 지키고, 외부에는 성격의 섬들이 모여 있다. 엉뚱섬, 우정섬, 하키섬, 정직섬, 가족섬들이 불을 반짝이며 라일리의 성격을 이루어 간다.

아빠의 사업 부실로 형편이 어려워진 라일리 가족은 평온했던 미네소타 집에서 샌프란시스코의 남루한 집으로 이사했다. 모든 환경이 낯설고 삭막해졌기에 라일리의 마음도 우울해졌다. 기쁨이는 온 노력을 다해 라일리의 마음을 명랑 쾌활하게 되돌리려 애쓴다. 소심이, 까칠이, 버럭이, 슬픔이가 잠든 시간에도 기쁨이는 라일리의 꿈 제작소에 남아서 일을 하며, 행복하고 즐거웠던 기억을 불러내려 한다.

이사 온 다음 날 아침, 라일리가 학교에 가서 친구들에게 인사를 한다. 밝은 표정으로 자기소개를 하던 라일리 표정이 갑자기 어두워진다. 원 안에 꼼짝 말고 있어야 했던 슬픔이가 라일리의 핵심 기억을 건드렸기 때문이다. 그러자 모든 성격의 섬에 불이 꺼져버렸다. 핵심 기억은 관을 타고 흘러가 버리려는데 기쁨이가 그것을 붙잡으려 하다가 슬픔이와 함께 관 속으로 빨려 들어갔다. 기쁨이가 본부에 없으면 라일리는 행복할 수가 없었다. 소심이, 까칠이, 버럭이가 기쁨이 역할을 대신해 보지만, 상황은 더욱 나빠졌다.

아빠와 라일리는 서로 고함을 지르며 말다툼을 한다. 마음을 누그러뜨린 아빠가 라일리의 기분을 풀어주고자 원숭이 흉내를 내본다. 그러나 라일리는 아빠의 노력에도 불구하고 더 까칠해졌고 엉뚱섬, 우정섬도 붕괴되고 성격의 섬들이 하나하나 무너지고 꺼져가게 된다. 마음을 점점 잃어

버린 라일리는 엄마의 신용카드를 훔쳐 가출을 일삼는다.

핵심 기억들을 찾아 혼자 본부에 돌아가려던 기쁨이는 회상튜브에서 떨어져 어둠 속으로 갇혀 버린다. 핵심 기억들의 불빛이 모두 꺼져버리자, 어떤 상황에서도 씩씩했던 기쁨이는 눈물을 흘렸다.

"라일리가 행복하기만을 바랐는데…"

그리고 옛 기억들을 들여다본다. 하키 결승전에서 졌던 날, 라일리는 너무 슬퍼서 하키를 그만두려 했다. 혼자 나무 둥치에 앉아 울고 있을 때 엄마 아빠가 와서 라일리를 위로해 주었고 라일리는 다시 행복해졌었다.

슬픔이가 떠올리는 추억들이 모두 부정적이라 해서 슬픔이를 과소평가했던 기쁨이는 비로소 깨달았다. 라일리에게는 슬픔이가 꼭 필요하다는 사실을. 그래서 기쁨이는 슬픔이를 찾아 함께 본부로 향한다. 라일리의 불행을 막기 위해 기쁨이는 슬픔이에게 핵심 기억을 전해준다. 이전에 절대 손댈 수 없었던 핵심 기억들을 이제 슬픔이가 만지고 다루게 되었다. 슬픔이가 본부석에 놓인 단추를 누르자 라일리는 가출을 멈추고 집으로 돌아간다. 옛집 미네소타를 그리워하던 라일리의 마음을 엄마 아빠는 이해한다. 슬픔이는 기쁨이의 손을 잡는다. 기억장치들이 다시 움직이고 가족섬이 회복되자, 새로운 섬들이 생겨난다. 로맨스섬, 케이팝섬, 패션섬이 생겼고, 우정섬은 더 커지고 친구와 의견 나누기 구역도 만들어졌다.

사람을 행복하게 하는 마음은 기쁨이다. 어떠한 상황에서도 기쁨이 있으면 이겨낼 수 있고 평강이 찾아든다. 그러나 우리는 죄성을 가진 인간이기에 감정이 있고, 슬픔을 느낀다. 슬픔은 죄를 뉘우치는 과정이자 결과물이기도 하다. 속죄를 통한 슬픔은 기쁨을 수반하게 되어 우리는 행복해지고 거룩해진다.

슬픔은 아픈 상황과 기억에 대한 반응이기도 하다. 슬픔을 억지로 덮으려 하면 아픈 기억과 상처에 눌리게 된다. 슬퍼했던 사람은 슬픔에 잠긴 사람과 더 많이 공감하고 공유한다. 타인의 슬픔을 잘 이해하고 위로해 줄 수가 있다.

기쁨이가 슬픔이의 존재 의미를 깨달았듯이 우리가 슬플 때, 마음껏 슬퍼해야 한다. 마음껏 울고 토설해야 한다. 그럴 때 우리 마음이 치유되고 건강하게 된다. 슬픔이와 기쁨이는 공존하며 우리를 지켜야 한다.

기쁨이, 슬픔이, 소심이, 까칠이, 버럭이, 모두 소중한 마음들이다. 그 마음들이 안녕하기를, 그 마음과 함께 사는 성격의 섬들도 안녕하기를….

더 알아 봅시다

아이가 요즘 좀 이상하다. 종잡을 수 없는 사춘기의 흔한 감정 기복인지 아니면 정말 아이에게 무슨 일이 일어나고 있는 건지 알 수가 없다. "무슨 일 있어?" 하고 물어도 아이는 말끝을 흐리며 "아니요"라고 대답하고는 방문을 닫아 버린다.

예전에는 밝고 명랑하던 아이가 요즘 들어 부쩍 말이 없고 얼굴에 그늘이 졌다면 어떻게 해야 할까? 내 아이지만 속을 알 수 없으니 섣불리 말을 꺼냈다가 정말 입을 닫아 버릴 것 같다. 또는 내가 부모도 아닌데 선뜻 나서서 알은체하기도 어렵다. 십 대 청소년들과는 어떻게 대화를 시작해야 할지부터 모르겠다.

저자의 말을 빌리면, "오늘날 청소년들과 함께하는 일은 길을 잃은 것 같은 느낌이 들 때가 있다. 어떤 청소년을 걱정하는 상황에 처하면 어른들은 종종 무슨 말을 해야 할지, 어떻게 도와야 할지, 또는 무슨 일을 해야 하는지 몰라 난감해하곤 한다. 최근에 어떤 분이 나에게 말한 것처럼, '내가 상황을 이해하지 못한다고 그 아이가 생각할까 봐 아무 말이나 하고 싶지는 않고, 그렇다고 아무 말도 하지 않으면 무관심하다고 여길까 봐 걱정스러운' 상황인 것이다".

정서적으로 오르락내리락하고 방향이 자주 바뀌는 청소년을 어떻게 도와야 하는지는 노련한 부모, 교육자, 사목자, 청소년 상담을 전문적으로 하는 어른들에게조차 벅찬 일이다.

―출처: 『십 대들을 도우려면』 서평 중(로이 페터피스 저, 분도출판사, 2022)에서

우리는 으레 아이들이 사춘기가 되면 모든 게 다 재미없어지고, 짜증이 나고, 예민해진다고 생각한다. 늦잠을 자거나 외모에 집착하고, 반항하는 것도 빠지지 않는 일들이다. 청소년들이 대부분 비슷한 양상을 보여서일까? 부모나 교사, 청소년 본인들도 사춘기니까 그래, 중2병이네, 라며 가볍게 여기고 별다른 대안을 고민하지 않는다.

이 책의 저자이자 정신과 전문의인 제이컵 타워리 박사는 청소년들을 중

2병 환자들로 치부하는 세상에 조금은 다른 이야기를 꺼내 놓는다.

첫째, 많은 청소년들은 '중2병'이 아닌 '우울증' 때문에 마음과 행동방식에 문제가 생기는 경우가 많다.

둘째, 저자가 인지행동치료법을 기반으로 제안하는 방법들을 실천하다 보면 우울증의 정체를 알게 되고 스스로 우울증에서 벗어날 수 있다.

우울증은 온갖 부정적인 감정들로부터 시작된다. 이 부정적인 감정들을 그냥 내버려 두면 성인이 되어서까지도 그 감정들에 끌려다니며 우울감에 시달릴 수 있다. 제이컵 타워리 박사는 청소년들이 상처받은 자존감, 죄책감, 불안, 무기력, 자기비하 같은 부정적인 감정들에서 벗어나 건강하고 생기 있는 삶을 되찾도록 돕는 효과적인 전략들을 제시한다.

—출처: 『중2병이 아니라 우울증입니다』 서평 중
(제이컵 타워리, 뜨인돌. 2020)

1 뇌가 생각을 지배할까요? 마음이 생각을 지배할까요?

....

....

....

....

2 라일리의 마음에 기쁨이 사라졌을 때 어떠한 일들이 일어났나요?

....

....

....

....

3 핵심 기억이란 무엇일까요?

....

....

....

....

4 사춘기에 분노 조절이 안 되고, 우울증에 빠지게 되는 이유에 대해 생각
해 봅시다

....

....

....

....

5 인지행동치료법을 통해서 우울증의 원인과 정체를 알면 우울증이 극복될까요? 여러분이 심한 우울감이 들 때 어떻게 극복하고 있나요?

....

....

....

....

영화 〈리틀 포레스트〉

청춘, 친구와 함께 가자

"술 마시고 노래하고 춤을 춰봐도 가슴에는 하나 가득 슬픔뿐이네…"

20세기에 이 노래를 부른 청춘들은 삼등 완행열차를 타고 동해로 가자했다. 바다는 청춘들의 시름과 역경을 위로받는 곳이자 피난처였다. 그곳에서 고래 한 마리를 잡는 꿈. 그렇게 청춘들은 꿈을 꾸었다.

오늘날 청춘들은 무엇을 위해 노래하고 춤을 출까? 청춘들은 돌아갈 고향이나 가보고 싶은 바다 같은 것이 있을까? 특히 도시에서 태어나고 자란 청춘들은 어디로 향할까?

임용고시에 떨어진 혜원(김태리 분)은 고향으로 간다. 그곳은 쌀과 사과가 유명한 시골이다. 겨울에는 멧돼지가 출몰하며, 고라니 울음소리가 무서운 동네다. 혜원은 배추 밑동을 잘라다 배춧국을 끓여 먹고 배추전을 구워 맛나게 먹는다. 장작을 패고 막걸리를 담근다. 고사리를 캐서 말린다. 혜원은 토마토가 비에 약한 것을 알면서도 야생에서 키운다. 햇볕을 받아 잘 자라던 토마토는 비를 맞고 시들어 버렸다. 그러나 비를 맞고도 성한 토마토가 있었다. 어린 시절 엄마가 만들어 준 떡을 기억해 내어 친구들과 나눠 먹는다. 고향에는 친구들이 있었다. 도시에서 직장을 다니다 내려온 재하는 아버지 가업을 이어 농사를 짓는 게 마음 편하다. 지역 농협을 다니는 친구 은숙은 대도시로 나가는 게 꿈이다.

혜원은 지금의 청년들에게 이렇게 말해 줄 것 같다.

"나도 서울에서 너무나 힘들었어. 학비를 벌고 생활비를 마련하기 위해 편의점 알바를 했어. 컵밥도 자주 먹었지. 더 이상 견디지 못하고 떠나왔어."라고. 혜원도 고달픈 청춘이었는데, 폭우에 쓰러진 벼들을 세운다. 벼처럼 쓰러졌던 혜원도 일어서서 나아갔다.

대자연이 주는 결과물들. 먹던 토마토를 아무렇게나 던져두어도 그 녀석은 뿌리를 내리고 줄기를 뻗어 열매를 맺는다. 모든 것이 싱그럽다. 바람도 싱그럽고 "시험은 어떻게 되었냐? 니네 엄마는 연락 오냐?" 관심을 넘어선 이웃들의 간섭도 싱그럽다. 날개를 퍼덕이는 생닭을 던져주고서 혜원에게 잡아먹으라는 이웃 아저씨의 온정도 싱그럽다. 어릴 적 혜원의 엄마는 "요리는 마음을 비추는 거울이야"라고 말하며 정성껏 음식을 만들어 주었다. 혜원은 엄마를 떠올리며 음식을 만들었다. 혜원이 음식을 먹는 소리마저 싱그럽다.

혜원을 둘러싼 고향의 환경은 그녀를 위로해 주었고, 예쁜 추억들을 상기시켰고, 다시 나아갈 힘과 용기를 주었다. 그리고 혜원에게는 그 추억들을 함께 꺼내볼 친구들이 있었다. 혜원이가 스스로 해 먹는 음식들 또한 큰 몫을 했다. 그 음식들은 모두 엄마에게서 배웠다.

그런데 엄마는 도대체 혜원을 두고 어디에 가 있을까? 엄마는 어디선가 여행을 하는지 모른다. 어쩌면 엄마는 혜원이 비닐하우스에서 잘 자란 토마토가 되기보다는 야생에서 살아남는 토마토가 되기를 바랐던 것일까?

아직도 청춘들은 해보고 싶은 일, 가보고 싶은 곳이 많을 게다. 오늘날 우리 사회는 그들이 하려는 일과 가려고 하는 곳에 자주 옐로카드를 내밀고 있지는 않을까? 비전과 성공에 어긋나는 길은 당장 끊어내라며, 더욱 노력하는 청년이 되어달라고 우격다짐을 하는 건 아닐까?

청춘들에게 이 말은 분명히 해야겠다.

고래를 잡으러 동해를 가든, 춤을 추러 클럽에 가든, 도서관에서 밤을 새우든, 비닐하우스에서 곱게 자란 토마토이건, 야생에서 어렵게 자라고 있는 토마토이건, 비를 피하거나 비를 맞아도 혼자 하지 말라고. 멘토를 만들고 친구와 함께하라고, 도시에서 태어난 청년이거나 시골에서 태어나 자란 청년이거나 헬조선에서 다 함께 살아가기 위해서는 친구가 되라고 말이다.

지난 한 해 동안의 청년층 고용률은 46.5%로 2022년보다 0.1%p 하락했고, 청년들의 연간 실업률은 5.9%로 같은 기간 0.5%p 낮아졌다. 연령계층별 취업자의 증감을 살펴보면, 특히 20대에서 1년 새 8만 2천 명이 줄어들었다.

앞서 한국경제인협회가 지난해 11월 전국 4년제 대학 재학생 및 졸업(예정)자 3천224명을 대상으로 실시한 '2023년 대학생 취업인식도 조사'도 이 같은 분위기를 반영한 결과가 나왔다.

대학생들의 졸업생 예상 취업률은 절반에 못 미치는 49.7%로, 응답자들은 대졸 취업환경이 어두울 것으로 전망했다. 이유에 대해 '경력직 선호 등에 따른 신입채용 기회 감소'(26.3%)라는 답변이 가장 많았으며, '체험형 인턴 등 실무경험 기회 확보 어려움'(17.2%)과 '물가 급등에 따른 취업 준비 비용 부담 증가'(13.1%)를 호소하는 목소리도 높았다.

한경협 조사를 통해 대학생들은 청년 취업난 해소를 위한 정책적 개선 과제로 '노동, 산업 분야 규제 완화 등 기업 고용여력 확충'(25.9%)이 필요하다는 의견을 내놨다.

이와 관련 유혜미 한양대 경제금융학부 교수는 "지난해 계속해서 유지되던 고금리가 올해도 상당 기간 유지될 것으로 보인다. 그러면 기업 입장에서는 투자나 고용을 늘리는데 상당히 어려움을 겪게 되는 환경이 지속될 수 있다"고 설명했다.

—출처: 중부일보, 신연경 기자, 2024년 1월 10일

한국청소년정책연구원이 올해 7~10월 청년층 2826명을 조사한 결과에 따르면 '쉬었음' 청년의 57%가 직장 경험이 있고 구직 의욕이 높은 것으로 나타났다. 직장 경험과 구직 의욕 모두 없는 청년은 14%뿐이었다. '쉬었음' 청년의 다수는 직장을 다니고는 싶지만, 원하는 일자리가 없어 쉬고 있다는 뜻이다. 다시 말해 청년 실업의 가장 큰 원인은 일자리 미스매치라는 이야기다.

조훈 전문대학교육협의회 국제협력실장(서정대 교수)은 "미스매치를 줄이려면 양질의 일자리를 많이 만드는 게 이상적이지만 현실적으로는 쉽지 않다"고 했다. 그러면서 "'묻지마'식 입시공부 대신 자신의 적성을 살려 취업과 연계한 대학 · 학

과를 택하는 진로·적성교육이 활성화돼야 한다"고 지적했다.

　실제로 기술·제조업 분야의 선진국인 독일은 어릴 때부터 진로교육을 중시한다. 보통 초등학교 4학년 때 담임교사가 학생의 적성을 파악해 인문계(김나지움)와 실업계(레알슐레) 진학 중 하나를 추천하고, 학부모들도 이를 대부분 받아들인다. 실업계에선 체계적인 직업교육(Ausbildung·아우스빌둥)을 받는데, 학교 이론교육(30%)과 기업 현장교육(70%)을 병행한다. 이미 진학한 후라도 학생이 원하면 김나지움·레알슐레 간 전학도 가능하다.

　2017년부터 한국에서 아우스빌둥 프로그램을 운영하는 한독상공회의소 김영진 부장은 "한국은 뛰어난 인재와 높은 교육수준을 가졌지만 한쪽에선 실업난이 심각하고 다른 쪽에선 사람을 못 구한다"며 "미스매치는 결국 산업 전체의 효율성을 떨어뜨려 국가 경쟁력을 갉아먹는다"고 했다. "한국 내 독일계 기업들과 아우스빌둥을 시작한 이유도 그 때문"이다.

　이수훈 아주자동차대 총장은 "미스매치 문제의 해법은 특성화인데 4년제 일반대학을 나와도 취업하지 못한 청년이 많다. 어릴 때부터 다양한 진로로 나아갈 수 있게 적성교육을 강화하고 대학도 전문성을 키워 실용적 인재를 양성해야 한다. 정부는 국가 전체의 발전 전략을 갖고 대학들이 특성화에 전념할 수 있도록 지원해야 한다"고 지적했다.

　학력과잉도 미스매치의 주원인이다. 1980년 23.7%에 불과했던 대학진학률은 올해 72.8%로 3배가 됐다. 그러나 대졸자가 원하는 일자리는 그만큼 늘지 않았다. 블루칼라 업종은 더욱 심각하다. 과거처럼 공고·상고·농고 등으로 진학해 고교 졸업 후 취업하는 청년이 많이 줄었다. 이 때문에 산업 현장에서는 국내 인력이 부족해 외국인이 주력인 경우가 많다. HD현대중공업은 외국인 근로자 1100명이 근무 중인데(7월 기준), 연말까지 700명을 추가할 계획이다. 그렇다고 청년들의 대기업·사무직 선호를 나무랄 수는 없다. 지난 9월 고용노동부가 발표한 '사업체 노동력 조사' 결과에 따르면 300인 이상 사업체의 월평균 임금은 602만 원, 300인 미만은 348만 원이었다.

　김중백 경희대 사회학과 교수는 "대기업과 중소기업, 정규직과 비정규직 등 노동시장의 이중구조 문제를 해결하지 않으면 미스매치 현상을 해결하기 어렵다"며 "무작정 대학에 진학하고 보자는 맹목적 학벌주의와 여기서 파생된 대학들의 수직적 위계 구조도 원인"이라고 지적했다.

—출처: 중앙일보, 윤석만 논설위원, 2023년 12월 7일

1 영화에서 혜원은 임용고시에 떨어져 며칠 쉬고 가려다 고향에서 4계절을 보냅니다. 그녀는 고향에서 무엇을 하며 지냈으며 그렇게 머문 이유는 무엇일까요?

....

....

....

....

2 비닐하우스에서 자란 채소와 노지에서 자라는 채소의 차이점은 무엇일까요?

....

....

....

....

3 혜원의 친구 제하는 영농후계를 이어가고 있으며, 은숙은 서울로 가고 싶어 합니다. 이 친구들이 시골에 살고 있지만 각자 다른 생활방식을 원하는 이유에 대해서 생각해 봅시다.

....

....

....

....

4 청년실업의 현황과 문제에 대해서 생각해 봅시다.

....

....

....

....

5 청년실업의 원인으로 미스매치를 예시하고 있습니다. 미스매치의 주원인은 학력과잉이며 그 해법은 특성화라고 합니다, 여러분은 이 해법에 대해 어떻게 생각하나요?

....

....

....

....

이토록 위대한 엄마가 있을까?

최근 의붓아이를 폭행하고 여행가방에 아이를 7시간 방치했다는 뉴스를 들으며 너무 놀라고 치를 떨었다. 아이를 학대한 계모는 팥쥐 엄마 그 이상이었다. 핏줄 하나 섞이지 않은 아이를 돌보고, 사랑으로 키워낸다는 것은 너무나 어렵고 막막한 길이기는 하다. 그래서 내 아이는 내가 키운다. 이혼하지 않고, 사별하지 않고 끝까지 악착같이 내 아이는 내가 키워야 한다. 이런 결론으로 건강하게 오래 살자는 다짐도 한다. 내 아이가 아니지만 사랑을 가르치고 자신을 지켜낼 힘을 키우게 하는 엄마도 있다. 내 아이가 아니지만 더 많이 가르치고 더 많이 꾸짖으며 진짜 가족으로 살아가는 엄마가 이 영화 속에 있었다.

1년 전에 집을 나갔던 아빠를 엄마가 데려왔다. 엄마는 말기 암 4기였고 딸 아즈미를 부탁하려고 탐정을 고용해 아빠를 찾아내었다. 아빠는 9살 여자애(아유코)와 함께 돌아왔다. 생모가 각각 다른 아즈미와 아유코 두 의붓딸을 떠안은 엄마는 목욕탕 문을 다시 열었다.

큰딸 아즈미는 학교 폭력과 왕따로 괴롭힘을 당해 학교에 가기 싫어했다. 엄마는 도망가면 안 된다고, 아즈미에게 맞서라고 한다. 아즈미는 자신이 하찮은 인간이라 맞설 용기가 없다며 엄마랑은 다르다 한다.

작은딸 아유코는 자신의 생일날 집을 나가버린다. 생일에 찾아오겠다던 생모를 만나러, 아유코는 이전에 살던 집으로 찾아간다. 그러나 밤이 되어도 생모는 오지 않았다. 대신 목욕탕 엄마가 아유코를 찾아왔다.

자신의 병만으로도 고달픈 엄마에게는 이렇게 바람 잘 날이 없다. 그러나 엄마는 아유코의 아픔을 누구보다 잘 알고 감싸준다. 엄마도 자신의 엄마에게서 버림을 받았기 때문이다.

엄마는 두 딸과 함께 키다리 게를 먹으러 후지산이 보이는 바다로 여행을 간다. 그곳에는 아즈미의 생일마다 키다리 게를 보내주는 지인이 있었다. 그 지인은 아즈미의 생모였다. 엄마는 아즈미에게 출생의 비밀을 털어놓는다. 아즈미의 생모가 19세에 아즈미를 낳고 떠났기에 15년 전 엄마,

아빠가 만나 재혼했다는 사실을 들려준다. 아즈미에게 수화를 배우게 한 것도 이날을 위해서였다. 생모는 청각장애인이었다.

어쩌면 이토록 위대한 엄마가 있을까? 엄마는 핏줄 하나 섞이지 않은 딸들을 보호했고 사랑했으며, 생모들의 인생까지 존중해 주었다.

영화 속 엄마처럼 위대한 아버지로 살았고 위대한 어머니로 살았던 실존 인물들이 있다. 손양원 목사와 주기철 목사의 아내 오정모 사모이다.

손양원 목사(1902~1950)는 여수순천반란사건으로 두 아들을 잃었다. 손양원 목사는 친아들을 죽였던 남자를 양아들로 삼았다. 손양원 목사는 양아들을 사랑으로 용서했고 공부를 시켰다. 손양원 목사는 "원수를 사랑하라"(누가복음 6:27)는 예수님의 말씀을 몸소 실천했던 목사였고 아버지였다.

오정모 사모(1903~1947)는 신사참배 거부로 투옥된 주기철 목사에게 이렇게 말했다.

"어머니와 아이들은 내가 책임질 테니 목사님은 순교하시오. 목사님이 순교하셔야 한국교회가 삽니다." 주기철 목사의 아이들 넷은 오정모 사모가 낳지 않았다. 아이들 모두 전처소생이었다. 오정모 사모는 가난한 살림에도 물질에 현혹되지 않았기에 김일성이 보내준 지폐와 땅문서, 집문서를 돌려보냈다. 남편이 없는 집에서 피 한 방울 섞이지 않은 아이들을 양육하고 훈육했던 오정모 사모는 위대한 어머니였다.

여행 중에 엄마는 쓰러진다. 아이들도 엄마의 병을 알게 된다. 엄마는 가족과 지인들이 만들어 준 피라미드를 보면서 "죽기 싫어, 더 살고 싶어" 커튼 뒤에서 몰래 울부짖는다. 결국 엄마는 가족 곁을 떠났다.

엄마는 아이들에게 결코 혼자가 아님을 알려주었다. 아즈미에게는 생모와 동생 아유코를, 아유코에게는 언니 아즈미를. 아빠에게는 양육권(養育權)을 알려주었다. 엄마가 없는 빈자리가 엄청 크겠지만 아빠는 주춧돌이 되고 자매끼리는 디딤돌이 되어서 행복해지기 위해 노력하면 된다. 엄마는 그 방법을 알려주었으니까.

경찰청에 따르면 2015년 41건이던 영아유기 범죄는 2016년 109건, 2017년 168건이다가 2018년엔 183건까지 늘어났다.

성산생명윤리연구소 부소장 엄주희 교수는 "자기 생활을 꾸려갈 수 있는 형편이 아닌 부모의 경우 출생신고조차 하지 않고 아이를 유기하는 경우가 많다"고 했다.

영아유기라는 비극적인 사건을 줄이려면 비밀출산제를 도입해야 한다는 주장이 나온다. 비밀출산제는 실명 출생신고를 할 수 없는 처지에 놓인 부모에게 익명 출산을 허용하는 제도다. 친부모의 이름, 생년월일, 주소 등 신원은 외부에 공개되지 않고 정부에서 관리하기 때문에 이들의 공적인 서류에는 자녀 출생 사실이 드러나지 않는다. 아이를 안전한 환경에서 키울 수 없는 부모가 홀로 아이를 출산해 유기하는 것보단, 이들에게 익명성을 보장해주면서 안전한 환경에서 아이를 출산할 수 있게 해야 한다는 것이다.

엄 교수는 "출생신고는 차치하더라도 원치 않은 출생을 한 친부모가 자기 자신 또는 아이를 해치는 등 극단적인 선택으로 내몰리는 경우도 있다"며 "부모와 아이의 생명을 위해서라도 비밀출산제는 반드시 필요한 제도"라고 설명했다.

다만 이 같은 비밀출산제는 부모만을 위한 결정이라는 주장도 나온다. 아동의 '뿌리 찾을 권리'를 침해한다는 것이다. 정익중 이화여대 사회복지학과 교수는 "부모 입장에선 반드시 필요한 제도라고 할 수 있지만, 아이를 위해서는 대책도 함께 수반돼야 한다"고 했다. 정 교수는 "비밀출생제를 시행하게 되더라도 부모의 신원을 '완전 익명' 처리하는 것은 아동의 뿌리 찾을 권리를 박탈하는 것"이라며 "정부가 친부모의 신원을 철저하게 보호·관리하고 있다가 아이가 만 18세 성인이 됐을 때 양측 동의하에 신원 확인을 가능하게 하는 식이어야 한다"고 했다.

—출처: 조선일보, 이은영 기자, 2020년 6월 19일

A씨는 지난해 12월 14일 부산 금정구의 주거지에서 자신의 4살 딸의 얼굴과 몸을 여러 차례 폭행해 숨지게 한 혐의로 기소됐습니다. 숨졌을 당시 피해 아동은 몸무게 7kg으로 뼈만 앙상하게 남은 상태였습니다.

재판부는 "피고인은 피해 아동을 오랜 기간 밥을 굶기고 강도 높은 폭력을 행사해 왔다"며 "피해 아동이 느꼈을 육체적·정신적 고통과 범행의 잔혹성 등을 고려하면 최대한의 중한 형이 선고되어야 한다"고 판결했습니다.

다만 피고인이 범행을 인정하고 있고, 살해의 확정적 고의에 의해 살해했다고 보이지 않는 점 등을 고려했다며 양형 이유를 밝혔습니다.

이번 재판 과정에서 A씨가 동거녀와 남편의 강요로 1년 반 동안 천오백 회가 넘는 성매매를 한 사실도 드러났는데, 재판부는 이에 대해 "(A씨가) 자신이 처한 상황에 아이를 화풀이 대상으로 삼아 지속적인 학대를 하다 분노를 조절하지 못해 살해에 이른 것으로 보인다"고 판단했습니다.

—출처: SBS 뉴스, 홍승연 기자, 2023년 6월 30일

1 큰딸 아즈미는 학교 폭력과 왕따로 괴롭힘을 당해 학교에 가기 싫어합니다. 여러분이 이 상황에 처한다면 어떻게 했을까요?

....

....

....

....

2 영화 〈행복목욕탕〉 엄마와 손양원 목사, 주기철 목사의 아내 오정모는 남의 자식을 친자식처럼 양육합니다. 주변에 이런 인물들이 있는지 이야기해 봅시다.

....

....

....

....

3 최근 아기유기, 아동학대 사건이 빈번합니다. 왜 친부모가 자신의 아기를 함부로 버리고 학대할까요?

....

....

....

....

4 비밀출산제에 대한 찬성과 반대 논리를 정리해 봅시다. 자신의 입장도 밝혀 봅시다.

....

....

....

....

5 여러분이 재판관이라면 아동을 학대해 숨지게 한 부모에게 어느 정도의
형벌을 주겠습니까?

....

....

....

....

아버지라는 무거운 이름

영화 〈특별시민〉&〈침묵〉

영화 관람을 선택할 때, 장르나 스토리가 중요하지만, 믿을만한 배우가 있나 없나를 따져보기도 한다. 연기를 잘하는 배우, 소위 명품배우가 나오는 영화는 흥행할 가능성이 크다.

명품배우로 알려진 배우, 최민식은 〈특별시민〉에서 정치인 변종구를, 〈침묵〉에서는 재벌 임태산 회장을 연기했다. 두 영화에는 여러 공통점이 있다. 최민식은 두 영화에서 아버지로 나온다. 〈침묵〉에서 변 시장의 딸을 연기한 이수경은 〈특별시민〉에서는 임 회장의 딸이었다. 두 영화에서 딸은 아버지의 사랑을 몹시 원했다. 대통령이 될 아버지가 아니고, 무엇이든 돈으로 해결해 주는 재벌 아버지도 아닌 그냥 딸을 사랑하는 아버지 말이다.

〈특별시민〉의 변종구는 국회의원 3선, 서울시장 2선에 성공한 정치 9단이다. 서울시장 3선 성공은 물론 대선까지 내다보는 변 시장은 모든 수단과 방법을 동원한다. 음주운전 단속 중일 때 경찰서장에게 직접 전화해 경찰들을 거리에서 물러나게 한다. 그는 딸의 차를 타고 술에 취한 채 운전 중이었다. 음주운전 단속을 피해 빗길을 달리다가 교통사고를 낸다. 차에 치인 18사단 소속 이등병은 즉사했다. 이후 교통사고를 낸 승용차가 변 시장 딸의 소유임이 드러나자 딸에게 자신이 일으킨 죄를 대신 덮어달라 한다.

〈침묵〉의 임태산은 딸이 저지른 살인을 자신이 덮고 간다. 임태산의 정혼녀 유나(이하늬 분)를 살해한 딸 임미라의 죄를 감추기 위해 임 회장은 CCTV 영상을 만들어 낸다. 가짜를 진짜로 만들어 내었다. 태국 방콕까지 가서 어느 한 창고를 개조한다. 그곳을 범행 현장이었던 서울 유나의 집 주차장과 똑같이 만들었다. 수십 대의 차를 똑같이 주차시키고, 유나와 미라의 대역까지 찾아내었다. 거기서 딸 미라가 아닌 임 회장이 유나를 해치는 장면을 그대로 재현한다.

돈이면 권력을 사고 사람도 살 수 있다는 신념을 지닌 임 회장에게 딸은 돈만 갉아먹는 골치 아픈 자식이었다. 임 회장은 그 딸이 지은 죄를 대신 덮어쓰고 수감자가 되었다. 정치인 아버지는 딸을 제물로 삼았고, 재벌 아버지는 딸을 위해 스스로 제물이 되었다. 전자보다는 후자 쪽이 그래도 아버지답다. 아버지는 자녀에게 일용할 양식을 주는 공급자이며, 자녀를 지키는 보호자이다. 또한 자녀가 올바른 길로 가게 하는 인도자이며, 자녀의 잘잘못을 꾸짖는 훈계자이다.[1]

변 시장은 공급자로서의 아버지 역할만 했었다. 그래서 "네가 사람이냐? 딸을 팔아서 정치를 해?"라고 비난하는 아내에게 도리어 자신의 노력과 성공으로 누리는 것들을 보라 한다.

변 시장에게는 오직 권력에 대한 욕망만 있었다. 그가 흘리는 눈물은 모두 거짓이었다. 기자회견장에서 일부러 울먹이고, 선거대책본부장의 추모식에서는 손수건으로 눈물을 찍는 쇼를 보여준다. 꼬마무당이 "세상이 아직 당신을 잘 몰라 당신이 진짜라는 걸"이라고 말해 줄 때, 그는 진심으로 울먹였다. 딸이 몰라주고 아내도 몰라주는데 꼬마무당의 말에 감동하고 용기를 얻는 변 시장은 참으로 딱하고 불쌍한 사람이다. 권력을 쥐면 모든 것이 다 된다는 그의 세상관으로 가족을 대하고 가족의 희생만 요구했다. 아내는 억대의 골동품을 소비해 구설에 오른다. 변 시장은 그런 아내를 때리고, 딸은 엄마를 때리는 아버지를 목격한다. 권력욕 때문에 아버지로서의 도리를 다하지 못했고 남편으로서의 권위도 상실했다.

오직 자기밖에 모르는 변 시장에 비하면 임 회장은 자기를 희생해서라도 딸을 보호했다. 임 회장은 여러 번 운다. 사랑하는 유나의 장례를 치르면서 울고, 딸의 범행 장면이 담긴 CCTV 영상을 보면서 운다. 그리고 죽은 애인의 환영을 보면서 미안하다며 운다. 임 회장을 접견하러 온 딸에게 "잘 살아야 돼. 너에게 돈은 줄 수 있는데 이제 돈이 하나도 중요하지 않구나"라고 진심을 전하자 딸은 잘못했다고 사과하며 펑펑 눈물을 쏟아낸다. 임 회장의 희생으로 딸은 아버지를, 사랑이 넘치는 아버지를 발견했다. 그렇다고 가짜를 진짜로 둔갑시킨 임 회장이 아버지다운 아버지라고 인정할 수는 없다. 이처럼 변 시장과 임 회장 모두 거짓의 아비였다. 그들은 거짓말을 일삼고, 악한 계획을 세우고 도모했다.

친구가 나를 배신하고 세상이 나를 멀리해도 나를 낳은 아버지는 끝까지 내 옆에 있다. 내가 나쁜 짓을 저질러 수감 생활을 하면 그 아버지는 나를 만나러 올 것이다. 그러나 내 친구와 이웃은 자신까지 오욕을 입을까 내 이름을 지울지 모른다. 아버지라면 삯꾼이 아닌 최소한 목자로서의 역할을 감당할 것이다. 내가 낳은 자식을 이리로부터 보호하고, 제대로 먹이고 키우며 목가를 불러줄 수 있는 아버지, 그 정도는 해내야 아버지로서의 이름값을 갖지 않겠는가?

---

1) 양병일, 〈기독교 가정에서의 아버지 역할에 관한 성경신학적 연구〉 안양대 신학대학원, 14쪽

무면허 음주운전과 경찰관 폭행 혐의로 재판에 넘겨진 래퍼 장씨(예명 노엘·22)에게 검찰이 징역 3년을 구형했다. 장씨는 국회의원의 아들이다.

검찰은 25일 서울중앙지법 형사4단독 신혁재 부장판사 심리로 열린 결심 공판에서 "피고인은 음주운전으로 집행유예 기간이었지만 재범을 했다"며 "이 점을 고려해 징역 3년의 실형을 선고해 달라"고 재판부에 요청했다.

장씨 측 변호인은 "도로교통법 위반에 관한 사실관계는 인정한다"면서도 경찰관 폭행 혐의에 대해서는 부인했다. 그는 "지극히 짧은 1초 정도 시간에 이뤄졌고 그 정도도 경미해 공무집행 방해나 폭행에 이르렀다고 보기엔 어렵다"며 "경찰차에 태워지는 과정에서 몸부림하다 머리를 부딪친 것 같다. 고의 가격 행위로 볼 수 있는지 내밀한 평가가 필요하다"고 했다.

이어 "현행범으로 체포된 이후 일체 반항하거나 몸부림치지 않았다는 점은 이미 명확하게 밝혀졌다"며 "피고인은 사건 직후 피해 경찰관들에게 직접 찾아가 사과했고 지금도 본인의 행동을 깊이 반성하고 있다. 올바른 사회구성원이 될 기회를 만들어 달라"고 선처를 부탁했다.

장씨는 최후 진술에서 "2019년 이후 술 관련 문제를 또다시 일으켜 매우 부끄럽고 죄송하다"며 고개를 숙였다. 그러면서 "어렸을 때 항상 부모님 탓을 많이 했다. '노엘'이기 이전부터 인터넷에서 아버지에 대한 비난과 손가락질을 온몸으로 느끼며 트라우마를 가졌다"며 "가수 활동 중에도 신분이 파헤쳐져 크고 작은 돌을 맞았다"고 말했다.

—출처: 조선일보, 문지연 기자. 2022년 2월 26일

현대 사회의 문제는 주로 가정 문제요, 가정 문제는 결국 가장(家長)의 문제라는 전제하에, 가정에서 올바른 아버지상을 추구하며 왜곡되고 실추된 아버지의 권위를 바로 잡고 회복시켜 사회를 바꾸고 세상을 변화시키자는 취지에서 아버지학교가 시작되었다.

1995년 10월 두란노서원에서 처음 개설되었다가. 2007년 사단법인 아

버지학교운동본부로 발족했다. 초기에는 교회에서 기독교 아버지들을 중심으로 이루어졌으나 점차 아버지학교가 세상에 알려지면서 비기독교인의 참석도 늘어나 2004년부터는 불신 아버지를 위한 〈열린아버지학교〉가 확대되었다. 우리나라의 대표적 아버지학교를 개설하고 있는 (사)두란노 아버지학교의 커리큘럼을 통해 교육 과정과 수료 후의 활동 상황을 살펴본다. 세미나에서는 '아버지의 영향력, 아버지의 남성, 아버지의 사명, 아버지의 영성'을 주제로 한 강의와 조별로 조원들과 나눔의 시간을 갖는다. 또 매주 아버지에게, 아내에게, 자녀에게 편지 쓰기 숙제가 있으며, 수료식 때는 아내도 함께 참여하게 한다.

—출처: 네이버 지식백과

1 정치인 변종구, 재벌 임태산은 모두 아버지입니다. 아버지로서 역할을 다
   했다고 생각하나요?

   ....

   ....

   ....

   ....

2 임태산이 딸 대신 죄를 뒤집어쓰고 교도소로 들어갑니다. 그의 행동에는
   법적으로 큰 문제가 있습니다. 그러나 딸을 위해서라면 부모가 대신 형
   벌을 받는 일이 합당할까요?

   ....

   ....

   ....

   ....

3 국회의원 아들 장씨는 계속 범죄를 저지르며 물의를 일으킵니다. 아버지의 교육이 문제일까요? 국회의원 아들이라는 개인의 트라우마 때문일까요?

....

....

....

....

4 아들과 아버지의 도덕성은 별개이지만 우리는 정치인의 자녀가 부도덕하면 부모의 도덕성까지 검증합니다. 자녀의 도덕성 때문에 정치 무대에서 낙마한 경우도 있습니다. 여러분이 아는 사례를 이야기해 봅시다.

....

....

....

....

5 우리 사회에서 '아버지학교'가 필요할까요? 아버지학교를 나오면 진정한 아버지가 될 수 있을까요? 여러분은 어떤 아버지, 어머니로 살게 될까요?

....

....

....

....

왜 약자가 무릎 꿇어야 하는지?

한집에 함께 살면서 끼니를 같이하는 사람을 식구라고 한다. 식구란 우리 교회 식구, 사무실 식구, 우리 회사 식구라고 일컫듯이 한 조직에 속해 함께 일하는 사람을 비유적으로 이르는 말이기도 하다. 영화 〈식구〉는 실화를 바탕으로 만들었다고 하는데, 장애인 옆에서 기생해 등골을 빼먹은 인간이 있었단 말이다. 아동, 노인, 장애인 등 노약자들을 상대로 사기술을 발휘하는 인간이야말로 너무나 비열하고 졸렬하다.

재구(윤박 분)는 교도소에서 나오자 갈 곳이 없었다. 그의 어머니는 이미 별세했고, 그의 형은 가족 이름에서 그를 내쳐 버렸다. 그는 공사판에서도 열심히 일하지 않아서 쫓겨났다. 그는 끼니를 때우기 위해 들른 장례식장에서 만난 지적장애인 순식(신정근 분)의 집에 얹혀살기로 작정한다. 그 뒤 주객이 전도되었다. 하룻밤만 자고 나갈 줄 알았던 재구는 순식의 가족보다 먼저 들어와 아랫목에서 이불을 덮고 누워 있었다. "형님, 형수님 들어오세요"

빈대가 된 재구의 눈치를 보며 순식의 가족은 텔레비전도 마음대로 못 본다. 심지어 유치원생 순영이 숙제를 다 하지 않고 저녁밥을 먹으려 한다고

"누가 자기 할 일 안 하고 밥을 먹어?"

소리친다. 갈수록 가관이다. 재구는 순식 부부가 모은 공병을 제 마음대로 팔아서 술을 마신다. 재구의 횡포가 점점 심해지자 순식의 아내가

"재구 삼촌 갔으면 좋겠다."

말하지만 순식의 얼굴만 어두워진다.

재구는 키가 크고 서글서글한 눈매로 말도 시원시원하게 잘한다. 순영의 삼촌이라고 소개한 재구를 이웃들은 모두 사람 좋은 사내로 받아들인다. 영화를 보는 관객도 그의 표정과 화술에 속아 넘어가기 십상이다. 어디까지가 진실이고 어디까지가 거짓인지 분간이 어렵다.

순식 부부의 허락도 없이 재구는 유치원에 있던 순영을 놀이공원에 데

려간다. 순영을 유괴했을지도 모른다는 불안과 걱정으로 순식 부부는 주변 사람들에게 전화를 하고 도움을 청한다. 그러나 경찰서에 신고를 할 수가 없다.

지적장애인이 자녀를 낳아 교육할 수 없다는 재구가 지어낸 아동보호법을 순식은 믿었다. 경찰에 들키면 순식이 구속될지도 모른다는 재구의 거짓말을 온전히 믿었기 때문이었다. 순식은 경찰 지구대로 들어가 소리친다.

"경찰 아저씨, 도와주세요. 잘못했습니다. 재구 씨 좀 내쫓아 주세요. 공장에서 더 열심히 일하겠습니다. 순영이랑 같이 살게 해 주세요. 죄송해요. 죄송해요."

순식의 호소는 과거에 있었던 실제 상황을 떠올리게 한다. 강서구 내 특수학교 설립을 위한 간담회에서 장애인 엄마들이 무릎을 꿇었다. 엄마들은

"학교를 짓게 해 주세요."

울부짖었다. 순식이 왜 죄송하다고 말해야 하는지? 장애인 엄마들이 왜 무릎을 꿇고 울어야만 하는지? 왜 약자가 항상 죄송하다고 빌어야 하는지 화가 나고 속상하다.

순식의 고발로 재구가 경찰에 구속될 때 이웃들은 왜 진작 이야기해 주지 않았느냐고 변명한다. 순식은 이웃들에게 말한다.

"나가요. 다 필요 없어. 우리 행복하게 잘 사는데 아무도 오지 마요. 우리 바보 아닙니다. 나는 순영이 아빠입니다."

이웃들은 모두 진실을 보지 못하는 맹인이었고, 바보였다. 사실은 우리도 그 이웃과 다르지 않은 맹인이고 바보이지는 않을까? 특수학교가 꼭 필요한 것은 알지만 내 집 앞에 생기는 것은 반대하는 이웃은 아닌가 말이다.

장애학생 부모가 주민들 앞에서 무릎을 꿇고 설립을 호소했던 서울 강서구 서진학교가 드디어 다음 달 개교한다.

서울시교육청은 서진학교를 비롯해 유치원 15곳, 초등학교 1곳, 중학교 2곳 등 19개 공립학교가 다음 달 1일 문 연다고 18일 밝혔다.

서진학교에는 올해 지체장애학생 139명(29학급)이 다닌다. 서진학교는 2013년 11월 25일 교육청이 처음 설립을 예고한 뒤 2277일(약 만 6년 2개월) 만에 개교하게 된다. 학교 하나를 세우는 데 보통 3년 정도 걸린다는 점을 고려하면 두 배 넘는 시간이 든 셈이다.

애초 서진학교는 2016년 3월 개교할 예정이었다. 인근 마곡지구로 이전한 공진초등학교가 남긴 건물을 활용하기로 한 터라 '빠른 설립'이 기대됐다. 그러나 주민의 반대가 극심했다. 이에 교육청도 대체부지를 알아보는 등 갈팡질팡하면서 추진이 더뎌졌다.

이후 지역구 국회의원인 김성태 자유한국당 의원이 서진학교 터에 국립한방병원을 짓겠다고 공약하면서 서진학교 설립을 반대하는 목소리는 더 커졌다.

반대 여론을 잠재운 이들은 장애학생 부모였다.

2017년 9월 열린 주민설명회에서 장애학생 부모들이 무릎을 꿇고 서진학교 설립을 호소했고 이 모습을 담은 영상이 사회관계망서비스(SNS)를 통해 확산하면서 서진학교 설립을 지지하는 여론이 높아졌다. 정부도 2022년까지 특수학교를 22곳 이상 더 설립하겠다는 계획을 내놨다.

여론에 힘입어 서진학교 설립이 확정됐지만, 이후 곡절이 없었던 것은 아니다. 조희연 서울시교육감이 돌연 김성태 의원, 지역주민과 '특수학교 설립 합의'를 맺어 논란을 자초하기도 했다. 당시 합의문에는 교육청이 강서구에 한방병원이 설립되도록 협조한다는 내용이 담겼는데 교육감이 고유권한인 학교설립을 지역구 국회의원에게 '대가'를 주고 '허락'받았다는 비판이 일었다.

서울시교육청은 중랑구에도 특수학교(동진학교) 설립을 추진 중이다.

동진학교도 교육청과 구청이 위치를 두고 줄다리기를 벌여 개교가 늦어졌다. 교육청은 작년 3월 중랑구 신내동 313번지와 314번지에 동진학교를 짓기로 결정하고 땅 주인들과 협의까지 마쳤으나 구청이 반대했다. 결국 구청 뜻대로 부지가 신내동 700번지로 옮겨졌고 현재 교육청과 구청의 막바지 협의가 진행되고 있다.

―출처:연합뉴스, 이재영 기자. 2020년 2월 18일

1 순구는 재구를 왜 식구로 받아들였을까요?

....

....

....

....

2 재구는 순구의 집에서 주인 행세를 합니다. 순구가 그를 내쫓지 못한 이유는 무엇일까요?

....

....

....

....

3 이웃들은 재구가 그냥 사람 좋은 젊은이라고 생각했습니다. 이웃들이 순식의 말보다 재구의 말을 더 믿었던 까닭은 무엇일까요?

....

....

....

....

4 특수학교는 특수교육대상자에게 유치원, 초등학교, 중학교, 고등학교 과정을 교육하는 국공립 사립학교입니다. 특수학교가 꼭 필요한 이유에 대해서 생각해 봅시다.

....

....

....

....

5 2017년 서진학교 설립을 두고 주민들간의 갈등이 심각했습니다. 서진학교 설립을 찬성하는 입장과 반대하는 입장 차이를 설명하고 자신의 입장을 정리해 봅시다.

<논술실전>

* 다음 글 (가)과 글 (나)에서 공통적으로 발견되는 문제점을 지적한 뒤, 이러한 문제의 해결 방안에 대해 논술하세요. (800자 내외)

가

사고 당일인 2022년 10월 29일 오후부터 통제되지 않는 상황에서 양방향으로 끊임없이 밀려오는 인파로 현장에 있던 수많은 사람은 위험을 감지했다. 사고 발생 3시간 40분 전인 18시 34분에 압사 언급을 하며 최초 신고가 접수되었으며, 사고 발생 직전까지 112 신고가 경찰이 공개한 것만 11건이 들어왔다. 신고 내용은 모두 압사사고 우려였는데 경찰이 사건을 종결시켜 버렸다. 심지어 관할 경찰서인 용산경찰서 이태원파출소가 사고지점 바로 건너편에 있었는데 결국엔 대참사로 이어지고 말았다. 관할 경찰서인 용산경찰서가 상위 기관인 서울경찰청에 사전 및 당일에도 기동대 지원을 요청했으나 서울경찰청에서 일련의 사유로 이를 거절했다고 한다. 다만 사전에 용산경찰서의 공식적인 요청은 없었고 용산서가 구두로 요청했다는 주장에 대해선 사실 여부 확인에 들어갔다.

사고 1시간 전, 사고 지점에서 100m가량 떨어진 '만남의광장 이태원본점' 앞에서 진행된 KBS 9시 뉴스 생방송 보도를 보면 이태원의 경사진 골목길을 양쪽에서 오르내리는 혼잡스러운 모습이 잘 보인다. 뉴스에서도 시간이 지날수록 더 많은 사람이 오고 있다고 했으며, 보도 자체도 인파와 시끄러운 가게 스피커의 음악 소음으로 인해 골목에서는 진행이 불가능해 인근의 좁은 담과 화단 위에서 진행된 것으로 보인다.

문현철 숭실대 재난안전관리학과 교수는 라디오 방송에 출연해, 사고 전날에도 경찰서에 신고가 많이 접수되는 등 징후가 여러 차례 있었으며, 이 징후를 놓치지 않고 6호선 이태원역 지하철 무정차, 이태원로 및 보광로 일대 도로 통제 및 차 없는 거리 운영 등 사전 대책이 있을 수 있었다고 말했다.

—출처: https://namu.wiki/w/이태원사고

나

2014년 4월 16일은 온 국민의 마음을 아프게 하고 우리 사회에 큰 갈등을 일으킨 세월호 침몰 사고가 일어난 날이다. 전날 밤 인천항을 출발한 세월호는 당일 오전 8시 49분경 진도군 동거차도 인근에서 침몰했다. 당시 세월호에는 476명이 탑승하고 있었으며, 이 중 제주도로 수학여행을 가던 안산시의 단원고 학생 325명과 교사 14명도 탑승하고 있었다. 이 사고로 탑승자 중 실종자 포함 304명이 사망했으며 단원고 학생 248명과 교사 10명도 희생되었다.

사고가 일어난 세월호는 1994년 나가사키에서 건조된 카페리호로서 18년간 '나미노우에'라는 이름으로 가고시마에서 오키나와를 왕복하던 배였다. 이 배를 청해진해운이 2012년에 인수해 개수 작업을 한 후 2013년 3월부터 인천–제주 항로에 투입했고 청해진 해운은 이 배를 인수한 후 5층의 선미부분을 증축해 선실을 확장했으며 이 과정에서 배의 무게가 239톤이나 증가했다. 자동차를 비롯한 화물 적재적량은 987톤이었지만 세월호는 늘 과적을 했으며, 사고 당시에는 무려 2,215톤이 적재되었다. 또한 안전운항을 위해 평형수도 1,703톤 이상 실어야 했지만 사고 당일에는 적재한도 초과 때문에 평형수를 761.2톤만 실었다.

사고 당일 오전 8시 48분경 동거차도 인근을 항해하던 세월호는 갑자기 급변침을 하면서 기울어지기 시작했다. 이 일대는 맹골수도로서 조류가 급하기로 유명한 곳이었다. 기울어진 배는 J턴을 하면서 옆으로 넘어졌고 70여 분을 표류하다가 뒤집힌 채로 뱃머리만 남긴 채 침몰했다. 신속한 생존자 구조가 시도되지 않자 대통령에 대한 반감과 비난이 급등했고, 이는 결국 촛불시위로 이어져 대통령이 탄핵되는 한 가지 원인이 되기도 했다.

—출처: 한국재난뉴스,
김창민 교수·김규찬 기자, 2022년 9월 19일

이름 :　　　　　　　　　　학교　　　　　학년　　　　반

발상

서투른 톱질

정분임

삐뚤빼뚤해도
괜찮아
별로 안 해봤으니
오백 번 해보는 거야

톱날에 시간이 끼어 버둥대면
좀 쉬자
삼백 번 남았으니

네가 다시 한다면
시간이 비껴주고
땀에 절은 톱밥도
응원할거야

그래, 다 되었어
빼뚤삐뚤해도
좋잖아.

모범답안

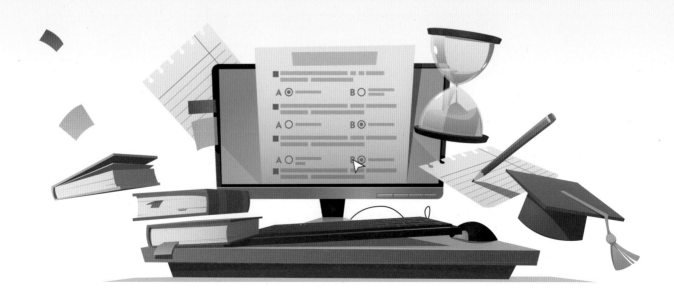

제1장 - 우리 역사는 위대했던가요?

• 영화 〈남한산성〉

1. 김상헌은 한 나라의 군왕이 만백성이 보는 앞에서 삶을 구걸할 수 없다며 항복을 반대했다. 최명길은 국왕이 오랑캐의 발을 기어서라도 백성의 살 길을 열어줄 수 있다면 항복하는 것이 마땅하다고 했다.

2. 사농공상 신분제가 철저한 조선 사회에서 천민인 대장장이를 신뢰할 수 없는 장수의 입장도 이해가 된다. 그러나 전쟁 중이라는 위급한 상황을 더 고려해야 한다. 임금의 격서를 들고 온 날쇠를 심문해 그 격서의 진위를 분명히 따져야 한다.

3. 한양에 남아 있는 왕의 안전을 지키기 위해 백성은 대동단결했을지 모른다. 의병들의 규합과 근위병의 반격으로 나라를 위기에서 구했을 수도 있다. 아니면 청이 한양에 진입해 백성을 약탈하는 상황을 지켜보다가 더 빨리 항복해 조선에 유리한 항복조항을 만들 수도 있었다.

4. 1626년 후금이 조선을 침략해 정묘호란이 일어났다. 1636년 2월 청나라가 조선에 군신관계를 요구했으나 거절당하자 12월 2일 청나라 홍타이지(태종)는 10만 대군을 거느리고 압록강을 건너 쳐들어왔다. 인조는 강화로 피난 가려 했으나 청나라 군대에 길이 막혀 남한산성으로 갔다.

5. 임금은 아버지답게 신하는 어머니답게 백성을 돌보고 양육해야 한다. 국방을 튼튼히 해 전쟁에 대처하고 경제를 돌보아 백성이 잘먹고 잘살도록 임금과 신하가 최선을 다해야 한다. 부모는 자신의 것을 다 희생해서라도 아이를 바르고 행복하게 성장케 할 의무가 있다.

• 영화 〈덕혜옹주〉

1. 고종이 59세에 얻은 늦둥이 딸이자 고명딸이어서 아버지로부터 극진한 사랑을 받았다. 고종은 덕혜를 위해 유치원을 세워서 교육받게 했으며 모든 궁녀의 섬김을 받아 덕혜는 귀하게 자랐다. 고종의 독살로 인해 덕혜는 자신도 언제 독살될지 모른다는 불안과 초조 속에 청소년기를 보내야 했다. 결국 일본 유학을 강제로 가게 되었으며 일본의 철저한 감시 속에 지내야 했다.

2. 아버지 고종의 독살로 인해 덕혜를 지켜줄 든든한 언덕이 사라져 버린 셈이다. 일본은 고종의 모든 혈육을 그들의 지배와 감시하에 두어야 했기에 덕혜를 일본의 귀족 자제와 강제 결혼을 성사시켰다. 일제 앞잡이 한택수의 조종으로 덕혜는 원하지 않는 결혼을 할 수밖에 없었다.

3. 처음에는 일본에 우호적인 연설을 하다가 헐벗고 남루한 조선 동포들을 보면서 마음이 흔들렸다. 일본에 약탈당하는 동포들을 보면서 일본에 무조건 협조해 일본을 위해 살자는 연설은 더 이상 할 수가 없었다. 그래서 빼앗긴 들에 봄이 오듯이 빼앗긴 조선에도 광복이 온다는 희망을 전했다.

4. 조선의 역사가 5백 년이다. 덕혜가 공항에 도착하자마자 옛 궁녀들이 절을 하며 "마마"라고 외쳤다. 우리 민족은 뿌리의식이 강하기 때문에 조선에 대한 그리움과 선망이 남아 있었다. 조선 황실 후손들이 대한민국에 안착하는 순간 이승만의 권력이 약화될 우려도 있다. 그래서 아직 정치 기반이 약한 이승만 정권이 황실의 귀국을 반기지 않은 것이다.

5. 덕혜는 황실의 후손이었기에 희생양이 될 수밖에 없었다. 일본의 감시와 강요로 강제 결혼을 했고, 어머니와도 떨어져 살아야 했다. 덕혜는 태어날 때부터 왕의 후손이었기에 섬김을 받았다. 어린 나이에 아버지가 독살당하고 일본의 감시 때문에 백성을 섬기고 민족의식을 일깨우는 가르침을 받지 못했다. 어머니와 떨어져 살았기에 불안과 초조 속에서 자신의 안위를 돌보기에 급급했을 것이다.

• 영화 〈1987〉

1. 22세의 서울대생 박종철은 대공분실에서 고문을 당해 사망했기 때문에, 빨리 증거를 없애려 했다. 만약 고문으로 사망했다는 사실이 알려지면 폭력정권 물러가라는 대규모 시위가 일어날 것이고, 모든 책임을 진 치안감뿐만 아니라 대통령도 위기를 맞게 될 것이었다.

2. 전두환은 1979년 12·12쿠데타로 권력을 장악해 비민주적인 절차로 대통령이 되었다. 1980년대의 대학생들은 입학하자마자 당시 정치권력에 대한 정당성에 의문을 지니고 역사와 정치를 공부했다. 1987년 전두환이 노태우에게 정권을 이양하려고 하니, 박종철과 이한열 같은 대학생들은 도서관에 앉아서 공부만 할 수가 없었다. 민주적인 절차로 대통령을 선출해 광주학살을 자행한 당시 권력에 법의 잣대와 심판을 받게 하려고 시위에 참여한 것이다.

3. 연희는 가족을 생각하고 열심히 공부하는 대학생이었다. 캠퍼스의 낭만을 꿈꾸며 아름답게 대학생활을 하고 싶었다. 그러나 한열은 대한민국의 민주화와 광주항쟁의 정신을 실천하려는 운동권 학생이었다. 한열은 평소에 동아리방에서 사회과학책을 읽고 토론하며 광주항쟁의 영상을 보며 폭압정권을 비판하는 대학생의 모습을 보여준다.

4. 1987년에는 대학생들이 주도해 시위를 했다. 대학생들이 정권타도라는 구호를 외치며 돌이나 화염병을 던지고 전경들이 사과탄을 쏘는 등 비평화적인 시위가 있었다. 지금은 시민단체가 주도해 촛불시위를 한다. 질서정연하게 구호를 외치고 폭력적인 시위는 거의 사라졌다. 지금은 인터넷 발달로 언제 어느 곳에서나 자신의 정치의식을 드러내며 부당함을 비판한다.

5. 전두환은 간접선거로 대통령 선출 방식을 고집했다. 사람들은 반발했고, 대통령 직선제를 열망했다. 1987년 1월 박종철 고문치사가 알려지면서 민심은 폭발했고 그해 6월 야당과 재야 운동권은 정부를 규탄하는 대규모 대회를 주도했다. 최루탄에 맞아 사망한 연세대생 이한열로 인해 6월 항쟁은 범국민적 시위로 확산되었고, 대통령 직선제 개혁안이 제정될 수 있었다.

• 영화 〈모가디슈〉

1. 남북한 모두 국가의 정통성을 확보하고 국가의 위상 및 외교력 제고를 위해서 UN 가입이 절실히 필요했다. 남한은 반기문이 UN사무총장(2007~2016)에 선출 임명됨으로써 나라의 위상을 높이고 외교 지평을 높였다.

2. 남북한 국민들은 서로 다른 이념으로 생활해 왔고, 적대시해 왔다. 남한 대사관에서 마주친 남북한 사람들에게 적은 밖에서 총을 겨누는 소말리아 반군이었다. 함께 밥을 먹고 한 공간에서 지내다 보니 한민족이라는 공통점을 발견하며 신뢰가 형성되었다.

3. 실제로 남한의 대사는 공무적으로 일했으며 북한은 남한의 최대 적대국이기에, 북한에 지나치게 우호적일 이유가 없다. 감독은 인간의 존엄성을 부각하며 남한과 북한의 민족이 적대시하지 않기를 바란다. 그냥 인간 대 인간일 뿐이며 언제든지 남과 북이 만나서 소통하며 평화통일을 기대한다는 메시지를 전하고 있다.

4. 소말리아 정부는 부패했고, 반군은 폭력을 동원해서라도 권력을 찬탈하려 한다. 그래서 내전은 끊이지 않고 나라는 폭격 위험에 노출되어 있다. 우리나라는 소말리아를 여행 금지국으로 지정해 국민의 안전을 도모하고 있다.

5. 북한은 공산주의, 남한은 자유경제주의로 다른 체제의 국가이다. 남한은 공산 국가인 베트남, 러시아와도 경제 및 문화 교류를 하지만 북한과는 교류 자체가 힘들다. 짐 로저스의 주장대로 통일이 되면 남북한 모두에게 이익이 될 수도 있으나 70여 년 넘게 정치적 이념이 다른 민족이 만나서 발생되는 문제도 매우 많을 것이다. 독일의 경우를 잘 연구해 통일이 되었을 때 파생되는 문제들의 해결책을 미리 마련한 뒤에 남북통일을 이루어야 하지 않을까?

제2장 - 좋은 시민이 되렵니다

• 영화 〈감기〉

1. 홍콩에서 온 밀입국자 몽싸이가 바이러스에 감염되었고 그를 분당으로 데려가던 남자가 감염되어 약국과 길에서 기침을 했다. 남자의 비말이 분당 시민들에게 튀었고 감염된 시민들은 학교와 직장, 대중교통에서 기침을 했고 바이러스는 더욱 확산되었다. 분당에 있는 시민들이 다른 지역으로 가서 바이러스를 확산할 우려가 있기에 이를 제한해야 했다. 국민들은 분당 폐쇄를 찬성했고, 분당 시민들은 억울했다.

2. 미르가 감염된 사실이 드러나면 미르는 통제 지역에 감금되며 엄마와 떨어져 있어야 한다. 엄마로 서는 당연한 행동일지 모르나, 감염내과의로서는 적절한 행동이 아니다. 감염내과의는 바이러스 확 산을 막고, 시민들의 안전을 먼저 우선시해야 한다.

3. 분당 폐쇄 조치는 바이러스가 다른 지역으로 퍼지는 것을 막는 데는 도움이 되었으나 감염자와 감 염의심자를 분리해 좀 더 위생적이고 안전한 보호시설에 격리했어야 한다. 영화에서는 무분별하게 분당 시민을 한곳에 모아 통제함으로써 바이러스 확산을 오히려 가중케 했다. 내가 사는 지역이 폐 쇄된다면 정부의 조치를 따라야 하겠지만, 보다 합리적인 조치를 바라며 시민으로서 내 의견을 주 장했을 것이다.

4. 원래는 질병관리본부였는데 코로나19로 인해 질병관리청으로 승격했으며, 질병의 원인, 관리, 치료 등을 담당하고 있다. 코로나19뿐만 아니라 모든 질병에 대한 예방 대책 등을 연구한다.

5. 코로나19 전에는 황사가 심한 날이나 아주 추운 겨울에만 마스크를 사용했다. 코로나19로 인해 마 스크 쓰기가 의무화되었으며, 등교가 제한되어 원격수업을 했으며 재택근무를 했던 직장인도 많았 다. 2023년 5월 5일부터 코로나19 국제적 공중 보건 비상사태가 해제되어 마스크 사용 의무화도 해제되었다. 마스크를 쓰던 생활습관이 배어 있어서, 대중교통 이용 시나 많은 사람이 모인 곳에 마 스크를 착용하기도 한다.

• 영화 〈터널〉

1. 기자는 사건 사고를 정확하고 신속하게 보도해야 한다. 기자의 생각이나 감정을 배제하고 기사를 전달해야 한다. 정수의 안전을 먼저 걱정해 하루라도 빨리 구출되기를 바라는 마음보다 기록 경신 과 화제성 있는 기사에만 치중하는 기자는 기자가 아니라 장사꾼이라고 해야 할 것 같다.

2. 정수를 구하려다가 아들이 목숨을 잃었으니 노모가 억울하고 분했을 것이다. 아들의 사망으로 계 란을 던진 노모의 행동은 이해되지만, 하나의 폭력이자 원수 갚음이라는 왜곡된 감정이 실려있기에 정당하지 못하다. 정수의 아내가 사망에 책임이 있는 것도 아니기에 노모가 감정을 좀 더 추스르고 평정심을 가지는 게 좋겠다.

3. 국민 한 사람의 생명은 돈과 환산할 수 없는 가치가 있다. 경제적이고 계산적인 셈법으로 마련한 정 책도 중요하지만 국민의 생명을 가장 우선시하는 행정가가 필요하다. 정수를 구하기 위해서 끝까지 책임지고 노력할 것이다. 공사중단을 반대하는 사람들이 있다면 당신의 가족이 터널에 갇혀 있다면 어떻겠냐며 설득하고 또 설득할 것이다.

4. 대구 지하철은 한 남자의 방화로 시작했지만, 지하철 공무원들이 더 지혜롭고 분별 있게 대처했더 라면 참사로 이어지지 않았을 것이다. 세월호가 침몰하기 전에 적정량 적재, 선박 점검, 선장의 적극

적인 구조 활동, 해경의 합리적인 대처가 있었다면 참사로 기록되지 않았을 것이다. 실수 하나가 사고로 번지는 경우가 있다. 공무원들이 사건 사고를 더 많이 연구하고 민감하게 받아들여서 조그만 불씨도 미리 끄고 살펴야 한다. 국민들도 각자의 자리에서 부조리하거나 부실한 상황과 환경을 지적하고 개선해야 한다.

5. 자연재해는 가뭄, 홍수, 태풍, 지진 등 자연적으로 발생하는 재해이기에 미리 예방은 하되 완벽하게 대처하기 힘들다. 인재는 사람의 부주의와 실수로 일어나는 사고이기에 충분히 예방한다면 큰 사고를 막을 수 있다. 한 사람의 음주운전 때문에 10중 충돌사고로 이어져 목숨을 잃고 자동차가 파손되어 경제적으로 막대한 손실을 보기도 한다. 음주운전 사고는 인재이므로 미리 예방하고 차단할 수 있다.

• 영화 〈목격자〉

1. 새벽 4시에 괴한이 사건 현장으로 돌아와 둔기를 내려치는 범죄를 막을 수 있었고 여자는 골든타임에 치료받아서 사망에 이르지 않을지도 모른다. 괴한을 빨리 붙잡아 제2, 제3의 살인 피해자가 생기지 않았을 것이다.

2. 바로 신고해서 범인이 검거되기를 도왔을 것이다. 만약 신고를 두려워했다면 범인이 나와 내 가족의 신상을 조사해서 보복할까 봐 걱정했을 것이다.

3. 식품회사가 유통기한이 지난 식재료를 사용했고, 이를 고발했다. 회사는 영업정지 7일을 통보받았고 회사의 손해가 막심했기에 내부고발자를 되레 비난했다. 회사에 남아 있지 못하도록 따돌리고 정신적 피해를 가했다. 결국 회사와 내부고발자 모두 피해를 입었다.

4. 쓰러진 사람들에게 심폐소생술을 하고, 소방대원의 안전조치를 도왔다. 나만 괜찮으면 된다는 이기심이 만연한 사회가 아닌, 너와 내가 모여 우리가 되어 함께 손잡고 돕고 배려하는 사회에서 살고 있다는 긍정적인 세계관을 심어준다.

5. 교과 담당 선생님께서 한 아이를 집중적으로 나무라고 훈계하는 모습이 부당한 것 같아서 학교 건의함에 편지를 제출했다. 그 선생님은 다음 해에 전근을 가셨다.

• 영화 〈내가 죽기 전에 가장 듣고 싶은 말〉

1. 해리엇은 자신만이 옳다고 여겼기에 남들을 지적하고 비판했으며 남편과 딸의 약혼자에게도 악평을 했다. 결국 해리엇은 남편과 헤어지고 포근함과 관용이 없는 엄마가 싫다며 딸도 떠났다. 해리엇은 성공한 사업가였으나 가정에서는 버림받은 아내이자 엄마였다. 그녀의 모질고 깐깐한 성격 때문

에 주위 사람들도 그녀의 인성을 비난했다.

2. 해리엇은 9세 흑인 소녀 브렌다에게 물질적, 정신적인 조력자가 되어 주었고, 앤에게도 따뜻한 충고를 해 준다. 앤과 브렌다와 함께 지내며 해리엇은 자신의 과거를 돌아보았고 남편과 딸에게도 용서를 구한다. 자신의 전 재산을 사회에 기부했다. 성공적인 사업가이기만 했던 해리엇이 따뜻한 마음을 표현하는 81세 할머니로 변모되었기에, 앤은 해리엇의 감성과 인성을 드러낸 추모사를 썼다.

3. 부모가 없거나 자식이 없는 가정을 결손 가정이라 한다. 부모가 없어도 훌륭한 멘토를 만나 성공한 사람도 있고, 자식이 없어도 다른 아이를 입양해 훌륭한 부모가 되기도 한다. 남들이 보기에 외롭고 불행해 보이는 환경과 조건을 스스로 개선하고 바꾸어 간다면 행복한 가정을 이룰 수가 있다.

4. 김우수는 배달일을 하면서 기부를 했으나 해리엇은 성공한 사업가이면서도 기부는 하지 않았다. 김우수는 부족한 가운데 남들을 배려하고 도우며 살았고, 해리엇은 풍족하지만 남들을 돕지 않았다. 그러나 해리엇도 깨달음을 얻어서 전 재산을 기부했다.

5. 우리나라에서 노블레스 오블리주를 대표하는 유한양은 손녀의 등록금 1만 달러를 제외하고 전 재산 407억을 기부했다. "기업에서 얻은 이익은 그 기업을 키워 준 사회에 환원해야 한다"며 유한양행을 이끌어왔고 1971년 사망했다.

제3장 - 10대와 MZ세대에게 바란다

·영화 〈4등〉

1. 심석희 선수와 준호는 실력 향상과 우수한 성적을 위해 훈련을 받으며 폭력을 당했다. 심석희 선수는 언론과 법을 통해 폭로해 폭력을 가한 코치가 형벌을 받게 했다. 준호는 부모에게 들켜서 수영을 그만두어야 했다. 준호의 수영 코치는 해고당하는 차원에서 끝났지만 준호는 수영 코치에 대한 연민이 어느 정도 있었기에 나중에 수영 코치를 찾아가 수영을 잘하는 방법을 물어본다.

2. 강압적인 훈련으로 당장에 성적이 좋아지는 경우도 있겠지만, 마음에 입은 상처는 치유되기 힘들다. 과거에는 도제식 교육으로 혼내고 폭언하며 심지어 체벌까지 행사했지만, 지금은 부드러운 말투와 따스한 훈육으로 제자를 가르쳐서 좋은 성적을 내는 경우도 많다. 폭언과 폭력으로 다루는 훈련은 사라져야 한다.

3. 레고 조립을 혼자서 맞추어 다 완성하고 보니 만족감이 높아졌다. 인터넷을 통해 기타를 배워서 노래 한 곡을 연주해 보니 성취감이 들었다. 코딩책을 사서 공부해 게임 프로그램을 만들어 보니 내가 공학도가 된 듯한 자부심이 생겼다. 수학 문제집을 한 권 사서 혼자 힘으로 다 풀고 나니 수학에 대

한 자신감이 들었다.

4. 올림픽 메달을 딴 선수들 중에는 과거 감독이나 코치에게 체벌을 당한 경우가 꽤 있었다. 그들이 훈련받은 폭압적인 방식을 답습해 제자들에게 체벌을 가하기도 한다. 초기에는 내가 받았던 체벌을 제자들에게 행사하지 않을 거라 다짐했겠지만, 제자의 성적이 나오지 않거나 훈련을 게을리하는 제자들이 생기면 자신도 모르게 무의식적으로 과거의 훈련방식을 답습할 수도 있다. 코치의 인성 문제이기보다는 관습화된 훈련방식이 문제이므로, 과거의 잘못된 훈련방식을 철저히 수정하고 개선해야 한다.

5. 선진국의 모범훈련방식을 도입해 선수들을 훈련한다. 코치나 선수들 부모들 모두 결과와 성적지향적인 인식을 개선하고 참된 스포츠 정신을 갖도록 해야 한다. 내가 가장 잘하기 때문에, 내가 행복하기 때문에 스포츠를 하고 있다는 생각으로 훈련을 했으면 한다. 시간 여유가 있을 때 여러 취미 프로그램을 마련해 선수들이 더욱 즐거운 환경에서 성장하도록 해야 한다.

• 영화 〈배드 지니어스〉

1. 과목당 10만 원을 주겠다는 팟의 제안으로 돈을 벌게 되었고, 안 걸리면 된다는 생각으로 더 과감하게 부정행위를 일삼았다. 장학생으로 명문학교에 들어온 줄 알았지만, 아빠가 거짓말을 한 셈이었고, 학교는 돈과 기부물품을 받고 학생들을 입학시켰다. 그것에 대한 반발심으로 시작했기에 자신의 시험 부정행위도 죄스럽게 느껴지지 않았다.

2. 자신의 잘못을 인정하고 죗값을 치르고 교사 시험을 볼 수는 있다. 다른 나라에서는 교사까지 되는 게 가능하지만 우리나라는 교사 면접시험에서 탈락할 가능성이 높다. 우리나라는 교사는 스승으로서의 품성과 인성이 먼저라고 생각하기에 흠결 있는 사람이 학교에서 가르치는 것을 반기지 않는다.

3. 금수저 신분의 자녀들이 부모의 가업과 능력을 이어 윤택하게 사는 경우가 많다. 그러나 그들 중에는 자신이 선택받은 계층임을 자부하며 부정과 환락에 일찍 빠지기도 한다. 금수저 부모가 노블레스 오블리주의 삶을 자녀에게 보여 주었더라면 자녀가 그렇게 엇나가지는 않을 것이다. 바쁘다는 이유로 양육과 교육을 가사도우미와 과외교사에게 맡기며 자녀를 제대로 훈육하지 못했기에 선한 영향력을 끼치지 못하는 것이다.

4. 유명강사는 강의력뿐만 아니라 자신이 가르치는 내용이 시험에 반영되는지에 따라 그 명성이 좌지우지된다. 명성이 높아지면 더 많은 학생이 모여들고 수강료도 더 많이 모이게 된다. 돈과 명성에 눈이 멀어 유명강사는 부정행위를 저지른다. 수능 문제와 내신 문제 같은 지필고사 방식에 치우친 입시제도를 수정하거나 개선해야 한다. 또한 대졸자와 고졸자 간에 입사 연봉 차이가 많이 나는데,

학벌 위주의 사회 풍조가 개선되어야 한다.

5. 있다: 시험 스트레스가 심해서 손바닥에 영어 단어를 적어갔다. 선생님께 들킬까 봐 안절부절못했다. 다음부터는 실력대로 시험을 보겠다.

• 영화 〈인사이드 아웃〉

1. 뇌는 이성과 논리를 지배하고 마음은 감정을 드러낸다. 뇌 작용이 멈춘 식물인간이 눈물을 흘리기도 하는데 생각은 표출하지 못 해도 그의 마음 상태는 눈물로 드러내는 것이 아닐까? 무엇보다 마음과 생각의 조화가 필요하다.

2. 라일리는 짜증과 불만이 폭발했고 급기야 엄마 카드를 훔친다. 아빠가 라일리를 즐겁게 해주려고 몽키 흉내를 내었지만 라일리는 아빠의 마음을 무시하고 하키도 그만두고 가출을 한다.

3. 가장 중요 기억으로 나쁜 일, 기쁜 일, 인상 깊은 일 등을 저장해 떠올린다. 핵심 기억이 고장 나면 마음을 조절하기 힘들고 부정적인 말과 행동을 하게 된다.

4. 몸은 성년이 되어 가는데 마음은 아직 미성숙 상태이므로 몸과 마음이 불균형을 이룬다. 거기에 학업 스트레스까지 겹치면 불안과 분노 우울함이 쌓여서 자기도 이해하기 힘든 말과 행동을 할 수도 있다.

5. 인지행동치료법이 도움이 되겠지만 완전한 해결책은 아니다. 심한 우울감이 들 때 친구와 만나 산책을 하거나 놀이공원에 가면 좀 해소가 된다. 또는 집에서 게임을 하면 스트레스가 풀려서 우울감이 좀 사라지기도 한다. 무엇보다 내 마음을 이해해 주는 사람과 대화하면서 극복 방법을 찾고 해결할 때 우울감이 해소된다.

• 영화 〈리틀 포레스트〉

1. 배춧국을 끓여 먹고 배추전을 구워 먹는다. 고사리를 캐서 먹고 장작을 패어 땔감으로 쓴다. 떡을 만들고 막걸리를 만들어 친구와 나눠 먹는다. 고향에서 4계절을 다 보내며 제철 농사를 하고 제철 음식을 해 먹으면서 엄마가 돌아오기를 기다렸고, 도시에서 지친 몸과 마음을 충전했다.

2. 비닐하우스 토마토는 햇빛과 바람과 비에 상관없이 잘 자란다. 노지 토마토는 비를 맞으면 시들어 버리지만, 그 비를 견딘 토마토는 더할 나위 없이 싱싱하고 맛나다. 청춘도 마찬가지이다, 비와 바람 등 시련을 견딘 청춘은 성장하고 발전한다.

3. 제하는 도시에서 직장생활을 했으나 스트레스와 부적응으로 고향으로 왔다. 사과를 가꾸고 땅을 가꾸는 농사에 보람을 느끼고 자존감을 회복한다. 은숙은 시골 금융기관에서 입출금 업무를 반복하면

서 도시의 번화한 생활을 꿈꾼다. 상사의 괴롭힘도 스트레스의 원인이었다.

4. 청년 실업 중 대졸자의 실업 비율이 가장 큰데, 대졸 취업률은 50%가 되지 않는다. 경제 악화로 기업 인재 채용이 줄어들고 있는 실정이고, 청년들은 대기업을 선호하기 때문에 채용에 있어서 수요와 공급 불균형이 생긴다.

5. 특성화고등학교를 나와서 취업을 해도 대졸자의 연봉을 따라가지 못한다. 고졸과 대졸자의 연봉 차이가 심하지 않다면 대학교에 가기보다는 특성화고에 가서 취업 훈련을 받는 사람이 증가할 것이다. 대기업과 중소기업의 연봉 차이가 심한데, 정부가 중소기업에 지원을 늘려서 능력 있고 실력 있는 직원들이 중소기업에서 근무하도록 유도한다.

제4장 - 우리 가족은 행복한가요?

• 영화 〈행복목욕탕〉

1. 아즈미가 교복을 뺏기고 왕따를 당할 때 "하지 마, 멈춰" 그런 말을 해 주는 친구 하나 없는 상황이 안타깝다. 내가 아즈미와 같은 상황에 처한다면 부모님과 학교에 알린다. 그래도 해결이 안 된다면 경찰과 언론에 알리거나 국민청원 게시판에 고발할 것이다.

2. 이웃 아주머니에게 들은 이야기인데, 미혼모 아이를 입양해 키우는 목사님이 있으시다. 지금 그 아이는 초등학생이 되었다. 연예인 중에도 아이를 입양해 가슴으로 낳은 자녀라며 친자식과 같이 양육하는 사례가 있다.

3. 언론에 의하면 아기를 출산하고 제대로 돌보지 못하다가 아이를 유기하거나 학대하는 미성년자가 많다. 부모가 될 조건과 환경이 되지 않는데 아이를 출산하면 스트레스가 극심해 아이에게 화풀이를 하거나 아이를 방치하게 된다. 그러므로 미성년이 성관계를 맺는 것 자체가 문제가 되는데, 조기 임신을 미리 예방하고 피임을 철저히 해야 한다.

4. 찬성한다: 아이가 18세 성인이 되었을 때 낳은 부모와 양육한 부모의 양측 동의하에 신원 확인을 허락한다. 나를 낳아준 부모를 알아야 할 권리가 있기 때문이다.

   반대한다: 아이를 입양 보냈으면 거기서 끝내야 한다. 낳아준 부모와 키워 준 부모가 따로 있다는 사실을 나중에 알았을 때 얼마나 혼란스러우며 정신적 스트레스가 심하겠는가? 그러므로 아이를 입양한 부모가 낳아준 부모라고 여기며 출생의 비밀을 모르는 게 낫다.

5. 무기징역에 처한다. 아이는 부모에게서 보호와 사랑을 받아야 할 존재이다. 동물도 자기 자식을 끝까지 책임지고 돌보는데 사람이 동물보다 못한 범죄를 저지른다면 교도소에서 죽을 때까지 반성해

야 한다. 만약 회개하고 반성해 모범수로서 타의 모범이 된다면 형을 낮추어 출소시켜 준다. 사회에 나가서 사람답게 살 기회를 주는 것도 필요하다.

• 영화 〈특별시민〉 & 〈침묵〉

1. 정치인 변종구는 아버지로서 역할을 다하지 못했고 무책임하다. 자신이 음주운전을 하다 사람을 친 사실이 발각되면 정치생명이 끝나기 때문에 딸이 운전하고 사고를 낸 걸로 바꿔치기한다. 재벌 임태산은 딸에게 돈과 차를 주었으나 인성교육을 제대로 한 아버지로는 보이지 않는다. 딸은 아버지 정혼녀를 질투해 폭언하고 폭행을 가했다. 아버지로부터 진정한 가르침을 받았더라면 이 정도로 망가진 딸의 모습을 보이지 않았을 것이다.

2. 임태산은 죄를 지은 딸이 교도소에서 고생할 것과 범죄자로 비난받는 게 무척 싫었을 것이다. 아버지인 임태산이 딸의 죄를 뒤집어쓰고 죗값을 치르고자 했다. 이는 법을 위반하는 행위이고, 딸을 진정 위하는 일인지 깊이 따져보아야 한다. 아버지가 딸 대신 죗값을 치른다고 딸이 행복하게 마음 놓고 지낼 수 있을까? 미성년자의 죄는 부모가 대신 책임을 질 수가 있다. 성년인 딸의 죄는 스스로 짊어지고 회개하고 반성할 기회를 줘야 한다.

3. 국회의원인 아버지의 위신과 눈높이에 맞게 처신하라는 강요 때문에 국회의원 자녀가 남들에 비해 심한 스트레스에 시달릴 수도 있다. 그러나 아버지가 국회의원이라고 아들도 국회의원이 된 것처럼 갑질하는 것은 가정교육에 문제가 있다. 가화만사성(家和萬事成)이라 했듯이 집안이 안정되고 행복해야 사회 부조리를 더 당당하게 꼬집을 수 있다.

4. 조국 법무부 장관은 딸의 동양대 표창장 위조 때문에 법무부 장관직에서 사직했다. 정순신 변호사는 아들의 학교폭력 사건으로 국가수사본부장 임명이 취소되었다.

5. 아버지학교가 필요하다: 아버지의 역할과 책임을 다하지 못하는 가정이 늘어가고 있다. 아버지학교에 다녀서라도 아버지의 임무를 깨우치고 실천해야 한다.

   아버지학교가 불필요하다: 여기에 다닌다고 없었던 인성과 감성이 도깨비방망이처럼 뚝딱 생기는 것이 아니다. 어렸을 때부터 부모로부터 제대로 사랑받고 이웃과 함께 배려하는 마음을 키운 사람은 아버지로서 그 역할을 다하게 된다.

• 영화 〈식구〉

1. 재구가 순구에게 형님이라며 깍듯이 대했고, 순구의 딸 순영이에게도 친절하게 잘해줬기 때문에 순구는 재구와 함께 며칠간 함께 지내도 괜찮을 거라 생각했다.

2. 재구는 비장애인이었고, 법을 들먹이며 순구를 위협했다. 이웃들도 재구를 사람 좋은 청년으로 받

아들였다. 재구가 지어낸 아동보호법을 그대로 받아들인 순구는 재구가 경찰에 신고할까 봐 내쫓지 못했다.

3. 재구가 서글서글하게 생긴 외모로 시원시원하게 말도 잘하며 이웃들과 친하게 지낸다. 순식은 지적 장애를 가지고 있어서 재구가 순식을 보호해 주고 살펴준다고 믿었다.

4. 일반학교는 교육 과정 자체가 비장애인 위주의 교육방식이기에 제반시설과 교육방식이 장애 아동 이나 청소년이 적응하기에 불편함이 많다. 일반학교 학생들이 자신들과 다르다는 이유로 차별하고 소외하는 경우도 있다. 따라서, 적합한 시설과 교육 조건이 구비된 특수학교에서 장애학생들이 교육 을 받는 게 유리하다.

5. 서진학교 설립을 찬성하는 경우는 장애 학생들도 적합한 환경과 교육 조건에서 학습해야 한다는 논 리를 수용한다. 특수학교가 설립된다고 해서 내 집과 땅값이 떨어진다는 생각보다는 다 함께 권리 를 누려야 한다는 인식을 갖고 있다. 서진학교 설립을 반대하는 경우엔 특수학교 설립 때문에 교통 여건도 불편해지고 주변 땅값 시세가 떨어져서 손해를 본다는 인식을 갖고 있다. 특수학교를 혐오 시설로 여기기 때문이다.

논술실전

배가 거꾸로 뒤집혀 침몰해 아이들이 물속에 사라지는 참사를 보면서 아무것도 못 했다. 세월호 사고 때 해경과 해군은 아무것도 못 했다. 물살이 너무 세어서 가까이 갈 수 없다고, 전국에서 온 민간 잠수부 가 아이들을 찾겠다고 혼신을 다했다. 이후 세월호 유가족들이 보상금을 받으려고 발악한다고 얼마나 조 롱했던가!

이태원 참사도 그랬다.

2022년 10월 29일 저녁 6시 30분부터 신고가 들어왔고 이태원 해밀턴호텔 골목에 수많은 인파로 병 목현상이 드러났는데 경찰과 소방대원은 미리 통제하거나 예방하지 못했다. 밤 11시가 되어서야 쓰러 진 사람들의 산을 구해보겠다고 했으나 할 수 없었다. 시민들이 심폐소생술을 하고 인공호흡을 하며 피 해자의 피를 머금고 온 힘을 다했다. 술 처먹고 놀러 간 걔들을 위해 왜 애도해야 하냐며 비난하는 사람 들도 있었다.

이태원에는 겨우 150명도 안 되는 경찰더러 10만 명을 통제하라 했다. 이런 문제점은 그 어떤 언론 도 확 드러내지 못한다. 유명 BJ가 와서 더 혼잡해졌다느니 행안부장관의 말처럼 도심 집회에 경찰병력 이 투입되어 여력이 없었다느니, 안전에 대한 불감증, 시민의식이 부족하다느니 하며 원인을 다른 곳으로 돌릴 뿐이었다.

세월호라는 배는 여객선이 되기에는 너무나 낡은 배였다. 그 배에 화물을 과적했고, 평형수도 부족했으며, 사고가 나자 선장은 승객의 안전은 나 몰라라 하며 탈출해 버렸다.

세월호 사고로 인해 우리는 안전에 대해 민감하게 받아들이며 살아왔다. 그래서 이태원 참사는 충분히 방지할 수 있었다. 최초의 신고에 더 귀 기울여 경찰과 소방대원을 더 빨리 출동시키고 이태원역에 전철이 정차하지 않도록 했어야 했다. 사고 지점의 해밀턴호텔 양방향으로 경찰이 직접 통행을 제한했더라면 159명이라는 참사를 막을 수 있었다.

세월호 때, 우리는 TV 뉴스를 보며 슬프고 원통한 날들을 견뎌야 했다. 이태원 참사를 보며 또 버텨야만 했다. 꽃다운 청춘을 떠나보내야 하는 이 불행한 사회를 그냥 둬서는 안 된다. 이태원 참사의 책임을 져야 하는 사람을 충분히 심판하고 다시는 인재가 일어나지 않게 해야 한다. 우리 시민들이 눈과 귀를 활짝 열고 정부가 인재에 대해 예방과 안전장치를 잘 설치하고 운용하는지 잘 감시하며 의견을 개진해야 한다.

영화보며
논술하자!

초판 1쇄 2024년 4월 1일

지은이 정분임
발행인 김재홍
교정/교열 김혜린
디자인 박효은
마케팅 이연실

발행처 도서출판지식공감
등록번호 제2019-000164호
주소 서울특별시 영등포구 경인로82길 3-4 센터플러스 1117호(문래동1가)
전화 02-3141-2700
팩스 02-322-3089
홈페이지 www.bookdaum.com
이메일 jisikwon@naver.com

가격 13,000원
ISBN 979-11-5622-862-2 53700